特色学校
创建与管理智慧

李 林◎主编

延边大学出版社

图书在版编目（CIP）数据

特色学校创建与管理智慧 / 李林主编 . — 延吉：
延边大学出版社 , 2022.9
ISBN 978-7-230-03962-8

Ⅰ . ①特… Ⅱ . ①李… Ⅲ . ①中小学—学校管理—研
究 Ⅳ . ① G637

中国版本图书馆 CIP 数据核字（2022）第 183170 号

特色学校创建与管理智慧

主　　编：李　林
责任编辑：徐晓霞
封面设计：星辰创意
出版发行：延边大学出版社
社　　址：吉林省延吉市公园路 977 号　　邮　编：133002
网　　址：http://www. ydcbs. com　　E-mail：ydcbs@ydcbs.com
电　　话：0433-2732435　　传　真：0433-2732434
印　　刷：英格拉姆印刷(固安)有限公司
开　　本：787 毫米 ×1092 毫米　　1/16
字　　数：200 千字
印　　张：9
版　　次：2022 年 9 月第 1 版
印　　次：2023 年 1 月第 1 次印刷
书　　号：ISBN 978-7-230-03962-8

定　　价：50.00 元

前　言

特色学校是指根据社会发展需要，遵循教育发展规律，结合学校办学传统和办学实际，在创造性地构建新型办学模式、优化整合学校特色的基础上形成的，在教育实践中不断发展完善，具有独特的整体办学风格和良好育人效果的学校。特色学校是学校特色进一步整合、优化、发展及提升的结果，即学校特色化发展的结果。特色学校管理是指学校管理者为了实现特色育人理念和目标，遵循管理科学和学生身心发展的基本规律，通过计划、组织、领导和控制等活动来规范学校内部的管理工作，从而不断提高学校管理效率。创新与改革已成为 21 世纪教育体系的显著特点，将现代管理理论引入特色学校建设中，对促进学校特色发展具有重要的意义。

本书从特色学校的内涵、要素、意义、途径等多个方面详细阐述了特色学校的创建理论；在介绍特色学校办学理念的同时，对特色学校课程的创建进行了深入的探讨，展现了特色学校课程的价值与亮点；从特色学校的教学管理、校长管理、教师管理和学生管理四个方面对特色学校的管理进行了系统分析，展现了特色学校在管理方面的灵活性与变通性。特色学校管理是融合在整个学校创建过程之中的，创新的思维、智慧的管理，是特色学校发展的必由之路。

在保证学生全面协调发展的基础上，促进学生实现个性化发展是特色学校建设的宗旨；独特的管理模式和校园文化，是特色学校建设的目标。另外，推进特色学校建设，可以为学生的全面发展提供优质的教育资源。因此，推进特色学校建设是基础教育改革的必然选择。任何理论都离不开实践，学校应当把握时代机遇，实现从打造学校特色到成为特色学校的转型。希望本书的出版能够为现代特色学校的建设以及特色学校管理提供更多的灵感与方向。

CONTENTS 目录

第一章　特色学校创建概述

第一节　特色学校的内涵与特征

一、特色学校概念的由来

20 世纪 70 年代以来，许多国家开始进行特色化、多样化的教育改革，特色学校建设就是其中之一。在国内，"特色学校"这一概念最初出现在 20 世纪 80 年代。

1999 年，中共中央、国务院颁发的《关于深化教育改革全面推进素质教育的决定》（以下简称《决定》）指出："实施素质教育应当贯穿于幼儿教育、中小学教育、职业教育、成人教育、高等教育等各级各类教育，应当贯穿于学校教育、家庭教育和社会教育等各个方面。在不同阶段和不同方面应当有不同的内容和重点，相互配合，全面推进。在不同地区还应体现地区特点，尤其是少数民族地区的特点。"《决定》还进一步强调了素质教育在不同阶段、不同方面、不同地区有不同的特点，对学校的特色建设提出了明确要求。

2010 年，中共中央、国务院出台的《国家中长期教育改革和发展规划纲要

（2010—2020 年）》明确提出，要树立以提高质量为核心的教育发展观，注重教育内涵的发展，鼓励学校办出特色、办出水平，出名师，育英才。特色学校逐渐成为我国教育界的热门话题，同时也成为学校教育发展理论研究和实践探索的重要内容。

二、特色学校的概念及内涵

（一）特色学校的概念

何为"特色"？"特色"是指事物所表现的独特的色彩、风格。任何事物之间都存在相同的一面，即共性；任何事物之间也都具有相异的一面，即个性。事物是共性与个性的统一体，共性中存在个性，个性中包含共性。由此可见，"特色"是一个（类）事物区别于另一个（类）事物的标志性差异，含有"独出于众者"之意，其根本含义是"独特的优质个性"。

抛开抽象的概念来描述，特色学校的"特色"是指一种先进的、独特的、富有时代特征和相对稳定的学校文化。它不仅表现为学校具有个性化的外显环境、校本化的课程体系、独特的教育教学管理制度、明显优于同类学校的特色项目，更表现为凝聚在学校每一个成员身上的精神品质，我们很难用语言准确地描述它，但它无处不在。"特色"不因校长更换而改变，不因教师调动而弱化，也不因学校地址的变迁而消亡。它深入学校每一个成员的骨髓，影响人的一生。

（二）特色学校的内涵

特色学校是一个具有深刻内涵的概念，不能仅以"特色＋学校"的公式去进行简单推论。学者们基于不同的学术背景和思想认识提出了不同的观点，主要包括以下几种。

第一，特色学校是指在全面贯彻国家的教育方针、全面提高教育教学质量的前提下，充分发挥本校的优势，选准突破口，以点带面，不懈努力，逐步形成自己独特风格的学校。

第二，特色学校是指能在长期办学过程中，表现出有别于其他学校的独特的办学风格、独到的教育思想、鲜明的教学手段的学校。

第三，特色学校是指在教育发展过程中，从实际出发，创造性地贯彻教育方针，形成具有以特色的教育思想为核心的办学体系，并被全体成员内化的具有稳定个性和风格的学校。

第四，有学者从特色学校的特征的角度提出，特色学校就是指有特色的学校。它是对在办学过程中能出色完成学校的教育任务，在整体上又具有独特的、稳定的、优质的个性风貌的学校的统称。它有三个突出的表征：一是独特性，拥有在长期的办学实践中形成的、颇具个性风格的优秀品质；二是高效性，执着追求与出色地完成教育任务；三是相对性，特色学校是在与一般学校进行比较的基础上建构的，不宜用孤立、片面和静止的视角来检视。

综上，编者认为，特色学校是指在全面贯彻和落实党的教育方针的前提下，遵循教育规律，从本校的实际情况出发，经过长期的办学实践，形成了独特的、稳定的、优质的办学风格和优秀的办学成果，在社会上有一定影响力并得到公认的学校。

"独特的、稳定的、优质的办学风格"和"优秀的办学成果"是特色学校的本质内涵。每一所学校都是一所潜在的特色学校，每一所学校都可能发展成为特色学校。创建特色学校的实质是按照学校自身的实际情况，遵循教育规律，提高教学效率，追求办学影响力的最大化。创建特色学校的关键点在于选择和设计独特的教育风格，培养具有独特个性的学生。创建特色学校的宗旨是全面贯彻党的教育方针，全面实施素质教育，办人民满意的学校。

三、特色学校的基本特征

特色学校的基本特征包括独特性、优质性、稳定性与变化性、整体性、多样性与统一性、环境适应性与内发性，这些特征构成了特色学校得以形成和存在的主要条件。

（一）独特性

独特性是指特色学校在具有一般学校共性的基础上，又具有与众不同的个性，即有区别于其他学校的办学行为和表现。

特色学校离开了独特性，就无特色可言。独特性是学校的一个生长点，是特色学校的核心特征。特色学校是独特的，但不是唯一的。

教育的宗旨是培养和促进人的全面发展，每一所学校都是一个独立存在的实体，每一所学校都处于独特的社会及人文环境中。因此，要求每个学校在培养人才的过程中，都采取统一的模式和保持一致的步伐是不切实际的。学校在办学过程中，形成自身个性化的教育观点、独特的教育内容、教育方法和教育途径，是其进行人才培养的需要，也是社会对学校建设的客观要求。学校在教学上要做到"人无我有，人有我优，人优我特"，要形成个性化的教育和办学特色。

（二）优质性

优质性是特色学校的本质特征。优质性是指在特色学校的各项工作中表现出的整体上的高水平，它是学校教育质量的集中表现。优质性是特色学校存在和发展的关键，特色学校的独特性便是以优质性为基础的，没有优质性，独特性便成了无源之水、无本之木。优质性主要表现在学校育人观念的科学性和先进性上。特色学校从它的孕育发端到成果显示，要符合教育规律，要顺应时代潮流，要有理论依据，要有推广价值，要能真正提高教育的总体水平，否则就会缺乏生命力，难以令人信服。

（三）稳定性与变化性

稳定性是指特色学校长期保持"个性"和"成果"的一种特征。具体来讲，稳定性主要表现为特色学校结合本校实际，长期坚持发展自己的特色，积极将特色内化，使其成为稳定的办学价值观和特质，并以成熟独特的教育个性和管理个性展现出来，使学校的各项活动都蕴含和体现学校的特有精神。

特色学校的形成是一个长期积累的过程，不是一朝一夕能完成的。特色学校一旦形成，就要具有经得起历史和实践检验、能被社会广泛认可的稳定特征。同时，其特色会向纵深发展。这样，特色才会更鲜明、更优质。特色学校的这种稳定性是相对的，并非一成不变，而是与时俱进的。

特色学校的形成往往是几代校长、教师、学生共同努力的结果，新任校长要注意保护学校特色，保护学校原有的发展机制和惯性，合理地处理好继承和创新的关系，绝不能把原有的特色建设思路完全抛弃，这样对特色学校的稳定发展是有害无利的。

可以说，特色学校的稳定性不仅作为一种表象存在，它早已成为一种精神、一种价值观，并深深地印在学校每一位学生、教师的心中。这不仅是一个自律的过程，而是以一种内在的制约和要求机制为基础的，这正是特色学校得以持久存在的内在根据。

从外在角度看，在形成一种内在的约束和导向机制后，学校的管理、教学、办学等各方面的工作会在其指引下，逐渐走向常规，形成稳定的表现形式。任何一种真正的学校特色，都是客观存在的，不是学校自诩的，也不是靠新闻媒体宣传出来的，而是货真价实，有目的、有计划、有过程、有成果，经得起检验的。

世界上的任何事物都处于变化中，特色学校也会随着外界社会环境、教育教学观念、教育价值取向的变化而不断变化、发展。具体来说，特色学校是有地域性和时间性的，某所特色学校在某个小地区与其他学校相比具有特色，但是如果把它放在一个更大的范围内，与更多的学校进行比较的话，那么它是否还能够拥有其特色就需要再讨论和思量了。某所特色学校在某个时间段具有特色，但是其他学校纷纷仿效，使其特色大众化，那么就不能说这所学校是特色学校了。

因此，特色学校只有不断地创新，创造出新的独特性，才能重新获得领先的优势，没有学校的努力创新，特色学校根本不可能产生。可见，特色学校存在于变化、发展之中，变化性是其重要特征，无论是特色学校的产生还是特色学校的延续，都离不开变化和创新。

（四）整体性

整体性是指特色学校建设是学校整体优化的一项系统工程。真正意义上的特色学校不是在某些方面有特色，而是在整体上综合性地体现出特色。就其中任意一个方面来说，学校都应该是特色鲜明的。特色学校建设的整体性应体现在学校建设的各个方面，使其成为学校全体共同追求的目标。特色学校在建设中还应努力形成一套全面的、整体的、综合的学校文化模式。

以天津市南开中学为例，该校的育人目标是"使南开的学生具有强烈的社会责任感，具有健全的身躯及心理品质，科学素养、人文素养兼备，创新思维、实践能力两翼齐飞，为祖国的繁荣、世界的和平与发展培养创新型、拔尖型后备人才"。在这样的育人目标下，这所学校培养了一代又一代对国家有突出贡献的科学家、教育家等。

（五）多样性与统一性

特色学校创建要从本校的实际出发，对本校实际情况进行准确的定位和把握，这是特色学校创建的前提和基础。由于各种历史或现实的原因，各学校在办学条件、学校文化、社会自然环境等各方面千差万别，在实践中"一刀切"，以统一的方法和模式来创建特色学校，显然是行不通的。各学校应本着实事求是的原则，通过讨论和辨析，发现自身的独特之处。这样，各学校势必会形成多种多样的特色学校发展模式，多样性也就成为特色学校的一个重要特征。

既然各个学校的条件千差万别，那么各学校的特色创建工作会不会毫无联系呢？答案是否定的。各学校特色创建的差别，主要是从表面上来说的。而透过表面的现象，我们能够发现有一些特质始终贯穿特色学校的发展过程，那就是特色学校的创建必须统一到发展素质教育上，统一到基础教育的基本任务上，最根本的一点是统一到学生的发展上。

不论发展何种特色，采取何种途径和手段，其最终目的必须是促进学生的全面发展，绝不能"为了特色而特色"。创建特色不是目的，培养合格的学生，促进学生的发展，实现学生的个性化发展才是特色学校创建的宗旨。可见，特色学校的创建是统一于实现素质教育、促进学生良好发展的。

（六）环境适应性与内发性

环境条件决定了特色学校的性质和内容。不同时代产生的特色学校是完全不同的，具有某种特色的学校的出现并不是一个偶然的现象，而是有历史根源性和现实适应性的。因此，特色学校的发展离不开其所处的环境条件。

环境条件决定了特色学校的发展广度和发展深度。社会条件中的社会制度、社会心理条件等对特色学校的产生和发展起着重要的制约作用。不可否认，历史上在各项条件都十分落后的情况下，也有特色学校出现，但是在这种条件下，特色学校不可能大量涌现，只是极个别的现象。而且在外界环境没有大改观的情况下，特色学校的存在和延续也必然会遇到种种困难。

另外，生产力的高度发展也为特色学校的创建提供了多样的参考和选择，比如某些学校的网络自主学习特色、多媒体教学特色等。没有科学技术的进步，这些都是不可能实现的。

内发性是指特色学校的创建主要依靠学校自身的力量，其间虽然也要借助外在的力量，但主要的创建过程还是由学校自己来完成。强调内发性是非常必要的，在传统的学校建设过程中，存在的问题之一便是对内发性不够重视。比如，在特色学校的创建上，学校如果没有从自身的实际情况出发，深入思考自身的优势和劣势，制定有效合理的学校建设策略，便会造成学校建设动力不足的后果。仅依靠别人的成功经验，或者简单地将别人的成功经验移植过来，进行特色学校的创建，显然是不可靠的。只有认清自身的优势和劣势，真正以自身的发展情况为依据制定发展策略才会是持久的和有力的。

另外，要努力提高学校每个成员对特色学校创建的认识和理解，激发他们内心的参与积极性，使每个人都积极投入特色学校的创建过程中。正如联合国教科文组织指出的那样："发展越来越被看成是一种唤醒的过程，一个激发社会大多数成员创造力的过程，一个释放社会大多数成员个体作用的过程，而不是被看成一个由计划者和学者从外部来解决问题的过程。"这种模式表明人不能被发展，而只能发展自己。一个人，只能通过他的所作所为，通过他做出的决定，通过增进对他正在做的事情以及为什么做这些事情的理解，通过丰富知识和提高自身的能力，通过全方位地、积极地参与社会生活来实现发展。

由此可见，特色学校的创建必须建立在自主发展的基础上，要积极调动每个成员的积极性，唤醒他们的参与意识和发展意识，激发他们的成就动机和创新精神。这样，特色学校的创建就会建立在一个较为坚实的基础上，得以具备持久的支持力和保障力。

第二节　特色学校办学理念的基本理论

一、办学理念的内涵和特征

（一）办学理念的内涵

所谓办学理念，是指一所学校依据一定的教育思想，遵循教育方针，基于教育规律，结合本校办学实践而形成的育人取向，是体现校长和广大教师共同期望的教育思想体系。办学理念体现学校的教育理想和教育信念，是教育者对教育的理性认识和理想追求。它是学校办学、治校、育人等根本问题的指导思想或者思想观念。它是办学者对为什么办学、办什么样的学、如何办学等一系列问题的比较系统、比较成熟的理性思考和认识，是长期办学经验、思路及理性思维的积累、提炼、升华。

一个好的办学理念必须有明确的指导思想。比如，国家的教育方针、培养目标、政策和法规等，这是办学理念形成的重要的思想基础；一个好的办学理念必须以科学的理论为依据，以一定的教育规律为指导，树立科学的教育观；一个好的办学理念必须以客观实践为基础，办学理念来源于学校的办学实践和本校的实际情况，包括历史的、现实的；一个好的办学理念必须从本校的办学实践中总结出来，可以体现本校的历史文化积淀；一个好的办学理念必须具有具体的价值目标，并追求办学的最终结果。

办学理念是特色学校创建的思想基础，特色学校的办学理念突出在"特"，即独特的育人方式、独特的育人文化，培养出独特的极具社会竞争力的人才。

特色学校的办学理念，体现特色学校的教育个性，是特色学校成员在长期的工作实践中，主动或被动养成的思想观念、道德品质、思维方式、行为习惯、生活态度、工作作风等。特色学校的学校文化有着极强的渗透力、传承力和凝聚力，能够潜移默化地影响学校成员的行为和价值取向。

（二）办学理念的特征

办学理念应具备以下特征。

第一，办学理念必须表明学校的"育人取向"，并以此指导特色学校的办学实践。20世纪初，北京大学提出了"囊括大典，网罗众家；思想自由，兼容并包"的十六字办学方针，聘请了一大批优秀教师，培养出了一大批优秀人才。直至今日，北京大学依旧是国人心中理想的大学之一。因此，学校的办学理念要明确"育人取向"，这样才能焕发出强大的教育能量。

第二，办学理念要有特定的精神内涵，并能被学校成员理解和接受。一般来讲，办学理念需要校长的反复推敲和全校师生的广泛认可。办学理念的核心即学校特色理念，体现在育人取向上，它可以通过校训等形式表达出来，并加以时代的解读，形成共识，它是为学校培养人才服务的。

一所学校办学理念的形成，需要经过充分的研讨和科学论证。校长提出办学理念后，要向学校成员做好宣传、解释、教育的工作，必须在校内征求广大教师的意见和建议；校长要开展关于办学理念的讨论，让教师知晓这一理念并达成共识；学校要深入研究当代社会经济发展对教育的要求，不断总结学校多年办学的光荣历史，总结有效的办学经验，从人本、校本和发展几个维度出发，设计和提出适合本校发展的思路与策略。在校长的带领下，在先进的教育理念的指导下，学校应该自上而下、自下而上，充分调动全校教职工的智慧和热情，集思广益，通过挖掘、收集、总结、借鉴、概括、提炼、完善、升华这一递进的思考过程，形成学校的办学理念，并在实践中逐渐丰富，进而凝聚成富有学校特色的思想体系。

第三，学校的办学理念应该充分考虑学校的办学环境、办学层次、培养对象和办学特色等情况，显示其独特性。学校要充分认识到，办学理念不应是追求时髦的，而应是具体的、实在的、富有学校个性的。"适合自己的，才是最好的"，这是许多校长的经验之谈。

第四，办学理念应能渗入学校各种教育教学活动过程中。它不但可以指导教育教学实践，而且可以转化为教育实践的途径和方式。教育思想在学校发展的不同阶段表现出不同的办学思想，但学校的办学思想确定后，在一定时期内就要靠行政管理手段进行落实。

学校要将先进的办学理念、办学思想与学校的教育教学活动有机结合起来，把办学思想渗透到学校的日常管理中，贯穿教职员工的育人活动中，使办学思想真正成为学校校园文化的核心，指导全体师生的工作和学习。

第五，办学理念应有相对稳定性。办学理念一旦形成，便具有内驱力和稳定性，应该在一个相对长的时期内具有指导意义。也就是说，办学理念的形成是非常重要的，必须慎重考虑，必须是超前规划，不能朝令夕改。

随着学校规模的扩大、学校教学活动的发展，办学理念也应不断更新和变化。任何一个办学理念都具有时代特征，时代发展了，办学理念的内涵也随之变化，但其宗旨不能变。办学理念是在总结、反思与研究学校历史与现状的基础上形成的，具有相对稳定性。

二、特色学校的办学理念

特色学校要办出特色，就必须给学生提供广阔的空间，让学生参加多种方式的实践活动，把学生的知识转化为生存技能；注重课堂教学的时效性和愉悦性，转变课堂教学模式，引导学生进行研究性学习；增进家校沟通，提高办学品位，让教师放开手脚，大胆创新教学，让学生轻松愉快地学习。

（一）注重联合社会力量共同办学，转变办学结构

特色学校必须创造出自己独特的办学方式、管理方式。仅靠文化课是解决不了问题的，必须转变观念，另辟蹊径，为学生发展拓宽空间。针对如何激发学生兴趣这一问题，学校领导班子应该认真思考，积极出点子，并征求全校教职工的意见，最后达成适合学校发展的共识。联合社会力量共同办学就是一种十分有效的办学方式。例如，某些学校与美术培训机构联合办学，针对不少对美术感兴趣的学生和文化课基础较为薄弱的学生进行宣传，权衡利弊，因势利导，为学生找到更适合自己发展的成长之路，同时也为学生提供更多的人生选择。

（二）注重综合实践活动，优化学生的学习方法

学校可以通过综合实践活动，努力使学生把学到的理论知识和实践活动结合起来，做到学以致用，理论联系实际，从而提高学生的素质、能力和水平。例如，我们可以通过开展综合实践活动，进行调查研究，包括历史文物、民众生活、校园文化、生存环境、商业区位、经济政治等。学生在教师的组织下自主选择课题、分组调查、访谈、实地考察，到有关部门咨询，在活动中改变学习方式，学会合作学习与交流，提升自身的综合能力。

这样的学习形式能真实地体现师生在课程改革中观念的转变和积极探索的精神，真实地记录学生在研究性学习和综合实践活动中表现的浓厚兴趣，亲身感受求真务实的作风，以及解决问题的能力；培养学生自主学习、民主管理、生活独立的习惯，这对学生今后走向社会、取得事业成功有重要作用。

（三）注重探究性学习，转变课堂教学模式

我们应该适当转变一下传统的课堂教学模式，从而激发学生的学习兴趣，为教学营造宽松愉快的氛围。教师可以通过探究性学习模式设计教学活动，在组织学生学习的过程中调动学生的主动性和积极性，激发学生的创新潜能，培养他们的创新能力。这样，学生的学习方式和思维方式便会发生质的飞跃，同时也可以促进教师专业化水平的提升。

学生可以通过各种形式的活动，比如发放调查问卷，走访工厂、车间，走进自己所在的社区，了解社会现实和各行各业的实际情况，从而进一步了解社会。很多学校、教师在这方面做得非常好，真正让自己的学生深入社会的各个角落，给学生很大的实践空间，师生关系因此变得更加亲密、友好，新型的师生关系也随之建立。这种探究性学习为教师的教学和学生的学习开拓了更为广阔的空间，师生的聪明才智也得到了充分的体现。

探究性学习可以作为特色学校的教学方法，广泛地应用于各科的课堂教学之中，促进教师教学观念和教学方式的变化，从而提高学生的学习成绩。另外，特色学校还可以运用综合实践课，让学生在实践活动中得到各方面的锻炼。

（四）注重家校沟通，转变家长的教育观念

目前，校际竞争日趋激烈，对一些教学力量薄弱的学校来说，必须要解放思想，转变观念，通过实干加巧干，加大教学改革力度，努力提高教育教学质量，赢得社会和家长的认可，逐步提升学校的品位。

拓展家校沟通的途径，转变家长的教育观念，提高他们对建设特色学校的认识，赢得家长对学校的支持，是建设特色学校的关键一环。针对这些情况，学校可以采取"教学开放日"的形式，促进家庭、学校进行合作互动，加强家庭、学校之间的交流沟通。学校可以通过家长会汇报学校综合实践课的开展情况，让家长走进学校，零距离地感受孩子在成长中的快乐与自信，使综合实践活动课不仅有课程的支撑，还能得到广大家长的大力支持。

教育观念的转变是特色教育的重点，是一所学校发展的关键。学校的管理方式、管理理念必须转变。只有这样，特色学校才能形成独具特色的办学能力，学校的软实力才能得到有效提升。

第三节　特色学校创建的要素

个性鲜明且团结务实的学校领导班子、特色凝聚的教师群体、全面发展的学生、校本化的特色人才培养模式、独特完备的课程体系、高水平的特色文化项目、个性化的学校文化氛围等都是特色学校创建的主要因素。正确把握这些要素，对全面科学规划、全方位强势推进特色学校建设具有重要意义。

一、人力资源

在特色学校的创建要素中，人的素质、人的需要和这种需要的唤醒与整合，以及人能动性的充分发挥，是学校特别是领导层需要认真思考的一个课题。

（一）校长

校长是特色学校的核心人力资源，校长是学校的灵魂。我国中等及中等以下各类学校的领导体制是校长负责制，高校的领导体制是党委领导下的校长负责制。校长在学校工作中处于主导地位，对学校教育教学及其学校行政管理负有重要责任。一所学校的发展与学校的校长及其领导的团队有很大的关系。一所学校的办学特色，在某种程度上就是校长办学思想个性化的表现。

校长是学校的领导者、管理者、组织者，校长的办学理念、教育理念、知识结构、个人价值观和人格魅力等，都会渗透到学校管理的各个方面，使学校的发展烙上校长个性化的印记。学校能不能形成特色，能不能充分发挥出它的潜能，很大程度上取决于校长的素质能力和创新意识。校长是学校教育的重要推手，也是学校发展的领航者，其领导是否得力关系着学校行政工作与教学工作的成败，因此校长的素质与表现相当重要。

（二）教师

教师是特色学校人力资源建设中的关键。学校的主要职责和目标是育人，而这一核心教育目标主要是通过教师来实现的。特色学校的创建来自特色教育，而特色教育则出自优秀教师。对特色学校建设来说，要使学生学有所长，教师首先要教有所长、育有所长；要使校长优秀的特色办学理念良好地贯彻下去，必须依靠一支与之相适应的特色教师队伍来跟随和支撑。一所学校在教师集体真正形成之后，就具备了强大的凝聚力、同化力和对干扰因素的排斥力，能够使学校沿着既定的方向稳步前进。因此，教师队伍的建设至关重要，有特色的教师是学校的宝贵财富。对特色学校来说，拥有一大批教育理念先进，教学方法和教学手段先进，锐意改革，敢于创新，勇于实践，致力于创办特色学校的教师群体是非常重要的。

特色学校建设对教师素质的要求较高，总体来说，主要有以下几点。

1. 教育观念是前提要素

教师是特色学校教育教学工作的实施者，教师的教育观念新颖，学校办学才能有新特色。因此，要建立一支特色鲜明的教师队伍，首先应该更新教师的教育观念，使其与学校的发展理念相协调，与教育发展现状相适应。

2．专业能力是关键要素

创建特色学校的关键在于作为主要实施者的教师具备优秀的专业能力。教师具有良好的专业基础、在教学实践中适时使用新的教学方法、在教学过程中引导学生积极主动地学习、积极提高自身的教学水平等等，都已成为教师专业能力的重要部分。

3．信息能力是发展要素

知识经济时代，信息网络化水平大大提高，学生接收信息的渠道日渐多样，思想也逐渐多元化。在这种情况下，教师只有跟上信息发展的脚步，不断接触和了解新信息，积极寻找发展应对之策，才能真正了解学生，进而提高教学效率。

4．科研能力是决定性因素

科研是学习消化教育理论、总结和反思教育实践的重要途径，对教育改革具有重要的指导作用。这就要求教师热心教育改革，潜心教育理论学习，关注本校的特色教育实践研究，以教育科学理论为武器，探索特色学校建设中的疑难问题和未知问题，促进特色学校建设向更深层次发展。

（三）学生

学生是特色学校创建的载体和目标、起点与归宿。特色教育的各个方面，如办学理念、校本课程设置、教学方式、评价模式、特色校园文化等，都以学生为载体。

特色学校应注重学生的个性化和主体性发展。特色学校走的是素质教育发展之路，应特别注意因材施教，尊重学生的主体地位，为学生潜能的发挥创设有利的环境和机会，让学生在具有特色的办学理念和学校文化中受到感染和熏陶。在创建特色学校的过程中，学生的基础条件、特色、爱好、愿望等都是学校特色培育的基点。只有依据学生的发展需求、现状以及学校其他方面的实际情况挖掘学校特色，使学校的发展理念、发展方向与学生发展需求保持一致，特色学校才能获得最大的发展动力，学生才能更加积极主动地融入特色学校建设，才能获得更好的发展，进而取得事半功倍的效果。但需要注意的是，与校长和教师不一样，学生在特色学校建设中虽然具有热情高涨、活力充足等优点，但也具有片面性、盲目性、短视性、被动性、不成熟、易冲动等特征，他们往往对学校发展的特色、理念和学校文化等缺乏整体把握和准确理解。学校需要及时对其进行有效引导，通过校风、班风、学风、特色校园文化活动等文化特色建设在潜移默化中对学生进行熏陶，从而更有效地使学生的价值观念、心理特征、言谈举止与学校的理念保持一致，进而促进特色学校的建设。

二、人才培养

根据党的十七大关于"优先发展教育，建设人力资源强国"的战略部署，《国家中长期教育改革和发展规划纲要（2010—2020 年）》把人才培养体制的改革确定为体制改革的第一项任务，提出要更新人才培养观念，创新人才培养模式，改革教育质量评价和人才评价制度。特色学校建设的根本宗旨是通过特色建设来顺应和满足人才发展的需求，提高人才培养质量。因此，根据社会需求和本校实际创新人才培养模式是特色学校建设的必经之路。

人才培养是特色学校建设的核心要素，它大体上包括四个内容：一是培养目标和人才规格；二是培养内容，主要指课程、活动和学校文化；三是管理和评价制度；四是培养手段和培养方案。在这四个内容中，确定培养目标和人才规格是前提；人才培养内容是最为核心的部分；管理和评价制度则是实施效果的保障；培养手段和培养方案是具体实施的步骤。

（一）人才培养目标

在特色学校建设研究中有一个非常流行的说法，叫作"每一所学校都是潜在的特色学校"，在特色学校人才培养方面，我们同样也可以说每一个人都是潜在的特色人才。在很长一段时间内，我国的人才培养一直重视知识传授，忽视能力培养；重视书本知识的背诵领会，忽视创新精神和实践能力培养等。鉴于此，特色学校在建设过程中一定要树立全面发展的观念，树立人人成才的观念，树立培养多样化人才的观念，着力消除重灌输轻启发、重理论轻实践、重共性轻个性等弊端，建立体系开放、机制灵活、渠道互通、选择多样的人才培养体制；注重学思结合，改变过去以知识灌输为核心的教学模式，注重对学生想象力和创造力的培养，倡导启发式、探究式、讨论式、参与式教学，把学习的主动权还给学生，帮助学生学会学习；注重知行统一，坚持教育教学与生产劳动、社会实践相结合，强化实践培养环节，让学生学会动手，学会做事，学会做人，学会与别人共同生活，真正将所学知识学以致用；注重因材施教，以人为本，关注学生的不同特点和个性差异，探索分层教学、多样化考评的教学评价机制，激发每一个学生的潜能，努力使全体学生都成长为德智体美劳全面发展的高素质人才。

（二）校本课程体系

课程特色就是最大的学校特色。无论是国家课程还是地方课程都很难兼顾校情和学情，都或多或少存在周期长、共性过多和灵活性差等不足，无法满足学生多样化和个性化发展的需要，也无法体现学校特色建设的理念和目标。因此，在特色学校建设中，学校要根据国家的教育方针、课程管理政策和课程设置要求，结合学校的传统和优势，针对学生的兴趣和需要，充分发挥现代信息技术在促进优质教学资源共享方面的积极作用，适度整合、充分利用学校和区域的课程资源，开发校本课程，建立能够满足人才多样化发展需求的有特色的课程体系，实现课程结构的优化和课程模式的多样化，不断丰富和发展特色课程理论。

校本特色课程体系一般具有以下特点。

1. 校本性和规划发展性

校本特色课程体系是重点突出、校本特色鲜明的课程体系。其建设前提是要对学校可利用的教学资源进行充分调研，先对学校的办学条件、师资水平、学校传统、教学状况等进行准确评估，再确定重点发展的学科，确定创建学校教学特色的重点。

2. 实践性和实效性

校本特色课程体系的建设目标之一就是要破除"繁难偏旧"的弊端，所以必须适应现代经济社会发展和科技进步的需要，促进书本教育内容与生活、社会实践相结合，与人的职业生涯和全面发展相结合，积极从实践中吸取鲜活的教育素材，开发实践课程、活动课程，提升科学实验、生产实习和技能实训的效率。

3. 多样性和多层次性

校本特色课程体系在满足专业发展要求和学生多样化发展需求的前提下，可以考虑将社会实践、社团活动、艺术活动、体育竞技、科技活动、讲座活动、实习实训等纳入课程体系；积极利用现代教育技术，构建立体化、网络化、数字化、多媒体、交互式课程和传统课程相补充的多样化课程形式；建立必修课、选修课、自修课相互配合，学科课程、活动课程、隐性课程有机结合，基础课程、提高课程、通识课程、特色课程相互补充的多层次课程体系。

（三）人才评价

人才评价是检验人才培养质量和培养水平的重要依据，同时也是监督人才培养质量和培养水平的重要砝码。特色学校在建设中要根据培养目标和人才理念，建立科学、多样的评价标准，开展由政府、学校、社会各方面共同参与的教育质量评价活动，完善学生的成长记录，做好综合素质评价；探索促进学生发展的多种评价方式，激励学生乐观向上、自主自立、努力成才；完善社会人才评价及选用制度，为人才培养创造良好的环境；树立科学的人才观，建立以业绩为重点，由品德、知识、能力等要素构成的各类人才评价指标体系；加强人才选拔中对实践能力的考查，克服社会用人单纯追求学历的倾向。

《国家中长期人才发展规划纲要（2010—2020年）》指出，要建立以岗位职责要求为基础，以品德、能力和业绩为导向，科学化、社会化的人才评价发现机制。完善人才评价标准，克服唯学历、唯论文的倾向，对人才不求全责备，注重靠实践和贡献评价人才。改进人才评价方式，完善人才评价方法。把评价人才和发现人才结合起来，坚持在实践中识别人才、发现人才。

人才评价的关键是评价标准的制定，特色学校人才评价标准的制定应该注意以下几点。

1. 提高对人才的创新能力和实践能力的评价权重

特色学校人才培养要特别注重人才的个性发展，并特别注重实践能力和创新能力培养。因此，在考评时必须增加这两大能力的权重，使学习、实践、创新三者综合并列评价。

2. 给社会化评价留出一定的空间

特色学校的人才培养模式只有得到了社会的承认才能真正称为特色。所以在制定标准时，必须适当考虑社会评价的因素，给社会化评价留出一定的空间。

3. 普遍性评价与特殊性评价相结合

普遍性是保证测评效度的重要基础。但特色学校的人才评价应该在关照普遍性的基础上，合理选择测评要素，客观评价学生的个性特色。

4．精确评价与模糊评价相结合

相对传统学校的人才培养，特色学校更关注树立学生的人生观、价值观和完善学生性格等要素。这些要素很多都需要用模糊评价来进行考评，所以在特色学校人才评价中应该坚持精确测评与模糊测评相结合的方式。

5．静态评价与动态评价相结合

静态评价，是指对评价对象在相对稳定的状态下进行的评价，不易看出评价对象的历史状况和现实进步以及今后发展的可能性。动态评价，是指在一定的时间、空间和情景序列下，考虑评价对象诸要素变化的结果，立足于评价对象的进步、发展和变化，对其价值进行判断，可以了解被评价者的变化历程。特色学校人才培养的很多要素不能看短期的效果和结果，应该将静态评价与动态评价相结合，既考虑人才培养的目标性，又考虑人才培养的可持续性，从而对人才培养效果做出合理的评价。

三、学校文化

学校文化是学校全体学生及教职员工经过长期努力共同创造的物质和精神财富，是学校精神风貌和价值理念的凝聚和积淀，一般包括物质文化、制度文化和精神文化三个层次，核心是体现校园内师生的价值取向、行为规范与精神面貌的精神文化。打造良好的学校文化环境是创办特色学校的重要途径，学校文化一旦形成，就会成为一种环境力量，产生导向功能、凝聚功能和约束功能，对置身其中的人产生巨大的心理影响，从而改变个人的思想和行为。形成独特的学校文化是特色学校建设成功的表现。特色学校独特的校园文化一旦形成，就会对学校教学、管理、学生活动等学校的所有运行要素产生整体性、深刻性和长期性的巨大影响和制约作用，会成为一种无形的精神力量，使学校全体成员在共同的办学价值观念、行为准则和工作作风的统领下，自觉地为共同的奋斗目标努力。因此，要创建特色学校，学校文化环境是需要考虑的重要因素。

（一）物质文化环境

物质文化环境是学校特色的外在物质体现，属于看得见摸得着的学校文化硬件，主要包括校园建筑、仪器设备、图书资料、校园绿化、生活设施、体育文化设施等。它是构建学校文化的基础。

特色学校在物质文化建设中如果能够将物质与人文精神融为一体，比如在学校建筑的布局安排与命名、大型壁画、校史馆的设计与修建中，在学校绿化景点、文化景观小品的设计安排中，在教学楼、实验楼、图书馆、食堂、餐厅、教室、走廊等的陈设布置中，在学校 logo、校徽等的设计与制作，以及校园门户网、广告栏、橱窗、阅报栏、标语牌、广播等现代文化设施的设置中，经过统一的策划，加入学校核心文化要素，体现出学校的办学理念、办学思想、办学方向以及学校的价值追求，使整个校园成为浑然一体、富有个性魅力的杰作，使人一走进校园就能感受到独特的魅力，那么学校的物质文化就有了活力，特色学校建设也就有了良好的物质基础。

（二）制度文化环境

学校制度文化也可以称为学校的管理文化，它以学校各项规章制度及其运作机制为载体，既包括渗透在机构设置、规章制度、工作流程、岗位职责中的价值观念，也包括生成和执行各类制度的过程中折射出来的价值取向。

学校制度文化是维系学校建设发展的必不可少的保障，对学校特色的形成和发展具有强大的支持力和推动力。与学校物质文化和精神文化相比，学校制度文化由于蕴含在刚性的条文中，多了些强硬色彩。学校制度文化通过价值激励和利益刺激，通过严格的约束、分明的惩罚、温情的保护、振奋的奖励、春风化雨式的思想教育和人性关怀，既触及人的精神价值，也触及人的名誉利益。

如果特色学校能在广泛吸收国内外先进制度经验的基础上，做好学校基本制度环境的调研工作，广泛征集广大师生员工的意见，适时集中决策，制定出与学校文化内涵和发展目标一致的校规校纪，在学校管理、教育教学管理、科研评价、师资培训、学生管理及教师考核等方面建立起特色鲜明的优秀管理制度体系，同时在制度执行过程中，以人为本，关照人文，注意充分发挥制度规范人、教育人、保护人、激励人的作用，那么制度文化也能激发情感、启迪智慧、净化灵魂，保证特色学校建设在正确的轨道上健康发展，保障学校在文化引领下走上内涵式发展的快车道。

（三）精神文化环境

学校精神文化是学校在长期的教育实践过程中，受一定的社会文化背景、意识形态和学校传统的影响，经过师生的共同努力，而积累沉淀下来的，是师生认同并遵循的精神成果与文化观念。它是全校师生在建设学校文化的过程中形成的群体意识和精神境界的总结、概括与升华，是一所学校本质的、个性的精神风貌的集中体现。它主要包括学校的优良文化传统、学校的校风学风、学校的文化氛围、师生的精神状态和学校的社会形象等。与物质文化、制度文化相比，精神文化是学校文化的核心，是学校文化的灵魂所在，是打造学校特色、提升学校品位、创建特色学校的关键。

良好的学校精神文化能唤起、激发师生的进取心，使师生在高度的价值认同、良好的团队意识、和谐的人际关系、健康乐观的精神环境、充满活力的校园氛围、独特的文化氛围中，尊重教育规律，深化教育改革，实施素质教育，更主动地推进特色学校建设。

第四节 特色学校创建的意义

创建特色学校是基础教育领域一项整体性的学校发展战略，在新的历史时期有重要的现实意义。

一、社会发展的迫切需要

在政治、经济、文化高速发展的 21 世纪，世界基础教育改革的主要趋势之一就是发展教育的民族特色、地方特色和学校个性特色，为青少年的全面发展和个性化发展提供更为有利的环境和条件。有特色的学校，才更有可能培养出有个性、有特色的学生。创建特色学校是提高基础教育质量、造就 21 世纪需要的合格人才的基本要求，更是开发学生潜能、促进学生个性发展、培养学生创新精神和实践能力的一项重要措施。

二、深化素质教育的迫切需要

素质教育有两个基本维度。首先是全面发展，全面发展是指人的发展是整体性的发展，也就是德智体美劳的发展。全面发展强调的是作为一个完整的"人"所必备的基本要素，既会"做人"又会"做事"，缺一不可。其次是自由发展，自由发展是指每个生命个体由先天基因和后天环境影响决定的潜能能够得到最大限度地发掘和发挥，个体生命的价值得到充分的发展和实现。显然，自由发展是一种个性化的要求。素质教育要求学校特色化、有个性地发展。创建特色学校，逐步实现教师教学有特点、学校办学有特色、学生个个有特长的目标。

三、学校生存与发展的迫切需要

在社会主义市场经济体制下，我国教育的办学体制、管理体制和办学模式发生了深刻的变革，基础教育的基本发展方向从"人人有学上"迈向"人人上好学"。教育已经进入品牌时代，教育质量是学校的生命，办学特色是学校的灵魂。学校要想更好地生存和发展，就得办出特色。进行特色学校建设有利于激发学校的办学活力，提高教育教学质量。

创建特色学校走的正是一条内涵式发展道路，即学校实行自主改革，挖掘本校具有的潜在优势，合理而充分地利用学校的既有资源并最终形成自身特色。事实证明，许多原本基础较差的学校通过创建特色学校而优化了教育资源。因此，创建特色学校可以改变原有的"外援"式的学校发展方式，在国家有限的教育投入下增加更多的优质教育资源，促进教育均衡发展。

四、促进学生个性化发展的迫切需要

创建特色学校是满足学生个性化学习需求、促进学生个性化发展的迫切需要。个性化教育是当代国际教育思想改革的重要标志之一。2001 年,教育部颁布的《基础教育课程改革纲要（试行）》指出:"教师在教学过程中应与学生积极互动、共同发展,要处理好传授知识与培养能力的关系,注重培养学生的独立性和自主性,引导学生质疑、调查、探究,在实践中学习,促进学生在教师指导下主动地、富有个性地学习。教师应尊重学生的人格,关注个体差异,满足不同学生的学习需要,创设能引导学生主动参与的教育环境,激发学生的学习积极性,培养学生掌握和运用知识的态度和能力,使每个学生都能得到充分的发展。"可见,个性化学习在促进学生充分发展过程中具有十分重要的作用。

个性化学习尤其强调个人学习的主动性与积极性、独特性与进取性。"千校一貌"的学校教育无法满足社会对人才的多元化需求,不利于创新型人才的培养。创建特色学校,创设个性化的学习环境,将个性化学习的教育思想付诸实践势在必行。特色学校提供的优质教育不仅体现在教学质量、教育效果上的"优",更体现在"特"字上,即用多样化的教学手段来培养不同学生的兴趣、爱好与特长。这就为发展学生的优势潜能和兴趣爱好提供了优质的教育资源。

第五节　特色学校创建的条件

任何学校的建设发展都需要一定的条件支撑,也有一定的规律和原则可以遵循。特色学校建设当然也不例外。特色学校建设是一项长期的系统工程,需要政治、经济、文化等各方面宏观条件的支撑;需要在教育发展的中观视野内考虑教育发展的支撑因素;需要在微观视野内寻找学校自身条件的支撑。这三个层次的条件是根据视野大小而进行的分类,特色学校建设归根结底是学校自身特色的建设,微观层次的内部条件是支撑学校特色建设的最核心的部分。

一、宏观条件

特色学校建设的宏观条件主要是指学校与政治、经济、文化等外部因素的关系，具体来说，主要是指学校与政府、市场、社区的关系，涉及三个比较关键的方面：学校办学的价值取向，学校办学的自主权，学校办学资源的来源。

（一）学校与政府

从国内外的教育发展历史和现状来说，学校与政府的关系是教育改革发展的一个永恒的主题。在知识经济时代，政府应进行教育体制创新，将办学权与所有权分离，给予教育主体（即学校）一定的独立地位，让其能够按照自身的发展规律和教育实际来育人。具体而言，政府要将学校目标和政策制定权、财政预算权、人事安排权、课程设置权等下放给学校；学校应当由原来单纯的执行机构变成决策机构，在明确政府与学校权责关系的基础上，依法自主办学，通过完善自身的组织制度、管理制度和评价制度，提高办学质量和效益。这是新形势下学校改革发展的需要，也是特色学校建设发展的前提。

（二）学校与市场

学校的根本任务是培养社会需要的、专业基础过硬的、人格完善的人才。学校培养人才的只有与市场需求接轨，才能在全社会形成庞大的人力资源，真正成为推动社会发展进步的力量，才能真正完成教育的使命。新形势下的市场发展迫切要求打破过去人才培养的单一化、一元化格局，倡导学校在价值选择和理念设计上的多元共存，在人才培养和专业设置上，以市场需求为导向，以尊重学生个性发展为基础进行特色改革。而且，只有以市场需求为导向，依据市场发展的指挥棒来培养人才，学校才能实现特色发展。所以，市场也是特色学校建设的一个重要动力。

（三）学校与社区

理想的学校与社区的关系应该是合作共赢、相互促进。在新形势下，社区与学校必须在平等互惠中建立起良好的沟通合作、互助互利的关系，以充分利用社区与学校的资源，促进学校与社区文化的完美融合，促进学校教育与社区经济文化的共赢发展。只有这样，特色学校建设才能更好地从社区吸收优秀的教育资源和实践资源，获得更大的发展空间。

二、中观条件

特色学校建设的中观条件包括两个方面：一是教育历史发展规律的影响因素。这一条件能使学校从纵向了解教育的历史，把握教育发展脉络，找准国家、民族和社会群体在当下的教育发展现状和发展需求，进而可以遵循教育规律进行特色学校建设。二是学校与学校的对比条件。任何一所学校在教育体系中都有自己的位置，在一定的范围内分属不同类型、不同层次的教育体系，比如是属于小学、中学还是大学，是归于基础教育、高等教育还是职业教育等。

（一）特色学校建设与教育历史发展规律

在建设特色学校的过程中，学校的自主权的发挥余地较大，但这绝不是为了个性而个性，为了特色而特色。特色学校建设作为一场在教育多元化发展大背景下的学校自我主导的教育改革实验，必须综合考虑世界教育发展的普遍规律和我国教育发展的一般规律，在一定的教育规律指导下进行特色学校建设的各项教育教学改革实验；必须树立教育发展的历史观念，根据教育发展的历史阶段和历史任务界定和定位自己的改革任务，同时用学校的特色实践丰富和完善教育发展的理论，推进教育历史和教育规律的新发展。

（二）学校与学校的对比

学校的存在状态和特色发展状况取决于与不同种类学校之间的关系和与同类学校之间的关系状况。学校作为一个基本教育教学单位，从来都不是孤立存在的，只有在教育系统体系中，将自己与同类型和不同类型的学校进行对比，才能确定自己的特色发展目标、制订特色战略计划和选择特色建设的主观突破口。虽然在整个特色学校建设中，学校的自主选择权很大，但这种自主不是盲目无根据地，更不能关上门埋头苦干，而是必须将自己与其他学校放在整个教育系统视野中进行 SWOT 分析。只有经过这样的对比之后，特色学校才能客观地评估自己的价值，才能找准自己的发展定位，才能选择好自己特色建设的突破口和生长点，才能更好地树立特色建设的目标，特色学校建设对整个教育系统也才更有意义和价值。

三、微观条件

特色学校建设的微观条件是特色学校建设的内部层次的条件，简单来说就是学校的自身条件，比如学校的人力、物力、财力的历史情况与现状，以及学校的文化积淀等。特色学校的创建过程是学校自身不断学习、反思、内化、积淀的过程，这是任何人和任何力量都无法取代的。就这一点来说，学校的内部条件是特色学校建设核心层的基础条件。这一层次的条件最需要发挥人的主动性。

（一）领导层面

学校的领导层尤其是校长具有特色发展的意识和创新精神，这对一所学校的特色发展至关重要。学校领导作为决策者、组织者和领导者，必须在教育、管理、科研等学术身份方面具有与行政身份一致的水平。学术身份是指由学术修养、学术地位和学术声誉等综合起来的指标，是体现领导素质、能力的重要标志，是领导发挥创新能力、展示个人非权利性个性魅力的重要基础；行政身份是领导权力、身份的重要标识，是领导实施特色办学理念和教育理想的重要保证，二者体现了学校领导的学术领导能力（理论能力）和行政领导能力（实践能力），是特色学校建设的双翼，缺一不可。学校领导只有做到行政领导能力和学术领导能力并行且有效使用，才能成为既有学术建树又有办学成就的教育理论家和教育实践家，才能为特色学校建设提供坚强的领导后盾和理论源泉，从而保证和促进特色学校建设工作健康、持续、有效开展。

（二）教师层面

教师是学校的主体和实施特色学校建设的主力，因此教师具有强烈的改革动力、创新能力和专业水平对特色学校建设来说至关重要。新形势下，社会对人才的需求越来越多元化和高标准化，这要求特色学校的教师必须适应时代发展的要求，不断加强学习，推进自己的教师专业化进程。教师专业化是近年来经常提到的一个概念，它指教师由低专业水准向高专业水准不断发展的过程，是新形势下教育改革与发展对教师自身成长提出的新要求。在特色学校建设中，教师应该在高度的职业自觉和职业责任感的推动下尽快推进自己的专业化发展进程，以精益求精的工作精神和终身育人的意识，以特色鲜明的个性化魅力和强烈的创新精神，创造性地推动教学育人工作取得良好的效果。

（三）学生层面

过去在特色学校建设的主体因素中，一般多强调校长和教师，其实这是没有充分关注学生主体意识和创造性的表现。学生是特色学校建设的目标和主体，也是特色学校建设成果的载体和社会声誉的重要传播者，所以学生在特色学校建设中的地位非常重要。与校长和教师相比，由于学生在生理、心理、阅历、知识等诸多方面不成熟，所以要想发挥学生的主体作用，学校的领导和教师需要做好引导工作，依据学生的发展需求和现状，通过校风、班风、学风和特色校园文化活动等文化特色建设对学生进行文化引领，通过设立独特的校本化课程等方式，更有效地使学生的价值观念、心理特征、发展需求等与学校的发展理念、发展方向等保持一致，促使学生更加积极主动地融入特色学校的建设中，推动特色学校建设取得事半功倍的效果。

总之，特色学校建设是一项长期的、系统性的工作，只有将宏观条件、中观条件、微观条件都充分利用好，实现宏观与微观、主观与客观、内部与外部、横向与纵向力量的完美结合，特色学校建设才能获得更大的发展，取得更好的实效，才能推进整个教育发展获得更大的进步。

第六节　特色学校创建的途径

特色学校受其独特的意识形态的影响，需要整合学校各个方面的因素。总结当前特色学校建设经验和已有相关学术研究理论，编者认为要想创建特色学校，必须从问题角度入手，通过发现问题、分析问题、解决问题、总结问题形成经验，再根据学校自身的办学状况，确定符合学校发展路线的战略路径。

一、确定宗旨

特色学校的建设同其他事物的发展一样，需要一个特定的宗旨作为引导。学校特色建设宗旨的确立，可以在更高的层面上为学校发展确定方向，从根本上指导学校建设，确定学校特色建设不会走错方向。就这一点来说，宗旨的确立必须着眼于整体，在保证学校教学质量的同时，重点突破关键环节，在整体思维的统一支配下，联系各个特色项目，以特色建设营造学校整体办学氛围，从而达到建设的目的。此外，特色宗旨的确定，还必须坚守"育人为本"的核心理念。不论学校建设有无特色，以及特色建设到何种程度，最根本的目的就是要促进学生的发展。从这一点来说，学校在确立建设目标时，应充分考虑每一个学生的学情，从整体上保证学生的学习效率，在此基础上，将兴趣、爱好相同的学生划为团体，有针对性地发展学生的个性，尽可能地提高学生的学习效率，使每一个学生都能实现个性化发展。

二、认清形势

总的来看，有关特色学校建设的环境应分为内外两个部分。这是因为，学校是个开放的系统，是与它的外部环境相互作用的。虽然组织文化的重点放在学校内部的布局上，但在某种程度上，这些内部布局反映了学校外部的更大环境。

外部建设环境主要包括地方文化、教育行政管理、资金投入和办学氛围等因素。学校作为实体，必然坐落于某一地区，而我国幅员辽阔，地区文化迥异，学校受地方文化影响必与其有一定的关联。从某种意义上讲，这就是学校的特色之一。此外，教育行政管理部门以及与之配套的教育行政理念也是影响特色学校建设的重要外部条件。可以说，教育行政管理理念的变化直接影响特色学校的办学目标、发展方向和学校全体师生的价值取向。另外，教育资金的投入也是影响特色学校建设的外部因素之一，学校要发展离不开资金的支持，不论是学校办学设施的建设、相关课程的开设，还是名师的聘请等，都需要大量资金，离开资金的投入再伟大的办学目标也不可能实现。因此，在建设特色学校的时候，一定要认清形势，正确把握外部办学环境，尊重当地的办学政策与教育方针。

内部特色主要指的是学校内部的人、财、物以及办学文化等办学元素。人是指在学校中工作、学习的校长、教师和学生。学校的特色建设说到底都是由以上人群来具体探索并落实的。以人为建设起点，经过不断的学习发展，进而形成的办学风格、教学特色、理念价值等学校整体办学文化都是影响特色学校建设的内部环境。

综上所述，学校要想形成特色，必须要对学校生存与发展的内、外环境有清晰的了解和认识，只有这样才能促进并加速特色学校的建设。

三、厘清现状

学校要想形成特色，就要对学校整体办学环境进行审视。这里需要强调的是，在特色学校实际建设的过程中，还要对这些客观存在的内、外办学环境做进一步的分析比较。因为不同的学校有不同的办学状况，同样的社会环境对一些学校有利，对另一些学校也许会不利。因此，任何学校在进行特色建设时都应该在审视整体办学环境的基础上，对其组织背景进行深入细致的权衡分析，从而厘清自身的办学状态，以便加快推进特色学校建设。

识别环境中有吸引力的机会是一回事，拥有在机会中成功所必需的竞争能力是另一回事。每所学校都要认清自己的优势与劣势，发挥优势，克服劣势，在形成良好的教学效果和良好的社会声誉的同时，扬长避短，以实击虚，时刻分析，采取有效策略，利用优势削弱劣势，取得最优的发展效果。

随着我国经济、社会、科技的发展，教育竞争日趋激烈，信息化的高速发展也使教育更新的速度不断加快。作为基础学习阶段的中小学教育阶段，受外界整体办学趋势的影响也产生了一定的变化。这里的外围发展趋势主要有两大类，一类为环境威胁，另一类为环境机会。前者指环境中一种不利于特色学校发展的趋势，其后果是学校竞争地位被削弱，不利于学校特色的形成；后者则是指富有吸引力的领域，在这一环境中，学校的竞争优势得以体现，有利于学校特色的形成。特色学校的建设不能只顾眼前，应把目光放得长远些，找到影响特色学校发展的潜在机遇与威胁，以便准确定位，避免走弯路。

这里需要强调的是，各所学校因其所处位置不同，面对的优势、劣势、机遇和威胁也各不相同。因此，任何一所学校在进行特色建设时，都要从实际情况出发，充分认清自身的办学状况，避免因偏离实际而出现盲目建设的问题。

四、智慧擘画

（一）拓展型策略

拓展型发展策略是一种最优的发展策略，但是选择这一策略的特色学校必须满足"天时、地利、人和"的条件，即现存环境优势明显、潜在机遇远大于威胁等有利条件下的学校才可以采用这一策略。特色学校的建设是一项长期而复杂的工程，在此情形下，谁能抢占先机，形成特色发展思路，谁就能在激烈的竞争中脱颖而出。学校要想形成特色，就要牢记品牌发展意识，提高学校的社会声誉，形成良好的口碑，通过不断思考、总结和提炼，形成适合学校自身的办学理念、发展目标和建设宗旨等，进而塑造良好的社会形象。实际上，这一良好的社会声誉就是学校的特色体现。因此，学校要找准品牌定位，以独特的办学理念为支撑，形成文化氛围，感染学校中的每一个人，使其建立和形成共同的发展愿景；不盲目追求，不违背办学规律，加大宣传力度，努力将现有的办学优势环境和稍纵即逝的发展机遇转化为发展现实，牢牢稳固自身在其所在区域内的显要地位，以优质的特色品牌声誉赢得竞争。

（二）增长型策略

增长型策略适用于机会与劣势并存情况的学校，即学校在发展中的劣势盖过优势，但相关政策的鼎力扶持等发展机遇强于发展中的威胁。学校应紧跟时代步伐，积极探索，敏锐洞察发展中的每一个机会，善于利用机会。

这样的学校在现实发展中，应该通过比较分析后，发现自身所处的办学环境对特色学校的发展不是很有利，劣势多于优势。虽然相关的上级部门对特色学校的建设兴趣浓厚，出台了一系列的政策规章和激励制度，为学校的特色发展提供了各种便利条件，但是如果学校在长期发展中存在很多不足，那么其在进行特色建设时就会比较吃力。在这种情形下，学校要想形成特色，就应该转变思路，本着"机不可失，失不再来"的果决态度，努力克服自身的不利因素，将这些不利因素摆在全体建设者眼前，集思广益，共同商讨，尽可能地化解或转变这些不利因素。与此同时，深挖潜能，充分利用现有的办学资源，以点带面，以强带弱，厚积薄发，调动潜能，进而提高学校的整体发展实力，形成统一优势，促使学校及早形成自己的特色。

（三）防御型策略

该发展策略适用于优势与威胁并存的学校，即学校的发展力量极具优势，不论是教育设备还是师资力量、办学资金等都处于最优水平，但因竞争激烈，众多的威胁潜滋暗长，发展机遇可能转瞬即逝。此时，学校应居安思危，洞察一切可能的变化，随时准备在不出现大的意外的前提下，争取以最大的优势助推特色发展。

在激烈的发展竞争中，学校应时刻保持冷静的头脑，不能毫无进取意识。学校要想形成特色，就应进一步利用现有的办学优势，找到众多优势中的最精之处，树立特色发展理念，将优势的办学力量转化为特色建设要素，进而形成特色。还应指出的是，优势不等于特色，"特色"强调的是独特的个性及整体风格。因此，我们不能简单地把学校现有的办学优势等同于学校特色，而应该放眼未来，树立大局观念，潜心应对，积极探索，将优势特色不断壮大升级，进一步稳固学校在地区的优势发展地位，以独特的办学风格引领学校未来的发展。

（四）扭转型策略

该策略适用于发展劣势与威胁均大于发展优势与机遇的学校。但不可否认的是，现实中的确有很多学校恰恰就处于这一尴尬的境遇之中。这样的学校办学处境堪忧，几乎处于勉强维持基本教学这一层面。此类学校必须立足"特色兴校"这一思路，努力克服一切劣势，尽力一搏，争取以特色建校达到兴校、强校的目的。

学校面临的威胁始终存在并随时变化，在此情形下，学校更应直面危机。首先，要准确定位自身，建立短、中、长期发展目标，不能好高骛远，也不能妄自菲薄。在不利因素中找到相对优势之处，以此为建设契机，集中现有的优势力量，努力培育，树立特色兴校、特色强校的发展思路，形成自身风格。其次，要加大宣传力度，营造社会声望，尽可能最优化地利用一切资源，以此扭转现有的不利局面，谋定而后动，捕捉最有利的时机来彰显特色，一鸣惊人。

教育行政部门可以从宏观的角度分析辖区学校的优劣态势，规避威胁，利用机遇，从全局上谋划辖区学校的特色建校总体方案；学校具体部门可根据自身实际，扬长避短，制定差异化发展的阶段性方针，树立学校品牌，创建特色学校。

第七节　特色学校创建的评价

特色学校建设过程是学校广大教职员工根据自己确定的办学理念和办学定位不断进行反思、总结与提高的过程。在这个漫长而复杂的过程中，为保证特色学校建设目标的实现，每个关键环节都需要评价因素的有效介入。建立以学校自评为主，教育行政部门、学生家长和社区共同参与的评价制度，能够为特色学校评价标准的制定和执行提供依据。

一、评价主体

特色学校建设过程中的价值取向是多元的，按照价值主体的不同，可以将评价主体分为官方（政府）、社会（公众）和自我（学校）三个层次。特色学校建设归根结底是学校自觉地选择最佳价值取向和寻求最优生存状态的过程，评价也是为了激励和促进特色学校建设工作更顺利地开展。因此，特色学校的评价标准应在充分尊重学校的主体愿望、尊重学校参与的主体意识和主动性、满足学校未来发展的价值诉求的基础上，对学校的发展做出指导性评价，从而建立以政府或各级教育主管部门为主导、学校自主评价为主体，社会各界广泛参与的评价体系。另外，为保证评价的客观性、公正性和有效性，编者主张在特色学校建设评价时除了沿用政府评价、社会评价、学校评价三种类型外，还可以引入中介评价主体——相关教育科研评价机构。

中介教育评价机构在国外比较常见，主要有两种形式：一种是介于政府与学校之间的中介组织，既不附于官方，又不是纯民间组织，具有"半官半民"的性质；另一种是民间纯技术性中介组织。教育方面的中介评价机构在我国已经出现，比如由北京大学、南京大学等十七家委员单位和技术专家组成的"CSSCI 指导委员会"，由武书连主持的《中国大学评价》课题组等。从我国目前的发展形势来看，特色学校建设的评价一般是指依靠权威教育科研机构基于学术标准的科学客观评价。

对特色学校建设来说，积极利用中介教育评价机构进行评价是科学合理的方式。首先，利用中介教育评价机构进行评价是淡化传统行政命令的一个较好的办法，可以形成"政府—中介—学校"的三段式管理链。而且，中介教育评估一般由专业权威的科研人员负责，其评价标准一般具有较强的权威性、科学性、客观性、规范性、可行性、调控性等，能够为政府提供一定的指导借鉴。其次，中介教育评价可以弥补学校自我评价的不足。学校是特色学校创建的策划者、设计者和实施者，有时候难以正确认识和评价自己在特色建设中的不足，评价结果往往具有主观性，需要中介教育评价机构起到良好的引导和监督作用。最后，中介教育评价机构还能为社会的公正评价提供依据和参考。社会评价即公众评价，受知识结构和接触范围的限制等，往往比较片面、直观和感性，中介科研机构评价的本质性、全面性、系统性、科学性正好可以弥补社会评价的不足，并能够引导社会公众做出客观的评价。

二、评价内容

特色学校建设的评价内容应该是根据特色学校的发展阶段、围绕特色学校的构建要素来确定的。特色学校的建设归根结底是文化的建设，可以分为文化特色的发现阶段、培育阶段、和优化阶段。

在文化特色的发现阶段，评价的主要内容是根据新形势下的教育发展要求，对当前学校文化状况进行评价判断，分析优势及劣势，从而选择学校文化特色的建设目标，确定特色学校的文化体系建设基点，这一阶段评价工作的重点主要是对办学理念和办学定位的确定和评价。

在文化特色的培育阶段，评价的主要内容是对特色文化项目的组织实施过程和阶段性成果进行评价，在横向和纵向的对比评价中对学校的文化特色发展情况做出准确判断，发现和摒弃不和谐的因素，鼓励和发扬积极的因素，进而扩大和推进某些有价值的项目，以加快特色学校建设的步伐，这一阶段评价工作的重点主要是对人力资源因素的主观努力情况和人才培养的措施效果进行评价。

在文化特色的优化阶段，评价的主要内容是研究特色学校文化要素的丰富性、文化模式的合理性、文化结构的完善性和文化档次的提升度以及特色实践的成效等问题，从而进一步明晰和凝聚学校文化的个性特色，以实现学校文化特色的升华，这一阶段评价工作的重点主要是对学校的文化发展要素进行评价。

三、评价标准

评价标准的制定是特色学校评价的核心问题和难点问题。因为每个学校的校情都不同，所以下文只提出制定的原则，不详细叙述具体标准。在这一方面，重庆市特色学校的"332"评价体系为特色学校建设评价标准的制定和执行提供了重要参考，"332"即"共同参与、尊重差异、价值判断"三个视点，"合格、特色、优质"三个阶段发展战略以及"基础评价、特色评价"两大模块。

（一）以文化导向为主的评价

特色学校建设成功的标志之一就是形成了独特的学校文化。一所学校被授予"特色学校"的称号，最重要、最核心的评估依据和要素就是其文化内涵。因此，特色学校评价也应该是一个以文化导向为主的评价。学校评价的文化导向是现代学校发展应秉承的一种价值追求，其实质在于借助评价活动，唤醒学校组织中所有人的自我发展意识，促进学校形成弘扬正气、坚守道义、致力和谐的文化氛围。制定特色学校评价标准，应该特别注意文化评价因素的核心作用。比如，要特别注意提炼诸如办学理念、校园文化环境、教师风貌、学生的精神成长、师生关系、学校的社会美誉度、校风学风的引领作用等文化要素指标。总的来说，就是要把握特色学校建设各个要素之间内在的文化逻辑，以学校的办学理念为核心、以实践理念的事实为扩展，挖掘其中的文化评价要素，以文化价值取向为导向进行特色学校评价。

（二）基础评价与特色评价结合

基础评价是对学校的基本评价，关注的是所有学校整体情况的共性因素，主要评价学校办学的各个方面的规范程度，强调学校教育资源和学校管理的规范性和制度性，强调学生发展的基本水平和对教师队伍的基本要求等。特色评价则是基础评价的延伸，关注的是学校的个体状况和个别差异，主要评价特色学校建设中形成的特色，是以特色求生存、以特色求发展、以特色创品牌的特色学校建设的必然要求，是体现特色学校评价自主性的重要方面。这一标准的制定必须立足特色学校自身的特殊历史和现实，要体现出关照特色学校建设的历史和过程因素。

（三）分阶段评价

分阶段评价是指评价要立足特色学校建设阶段性发展特征。特色学校建设本质上是一个文化演进的过程，是一个从文化特色项目选定到文化建设项目优化更新，从建设出特色到走向优质品牌的过程，必须根据发展的阶段特征来制定评价标准。

四、评价执行

（一）以动态评价和过程评价为主

特色学校建设是以点带面、以局部促整体，形成整体性文化特色的过程，这一过程是动态的和长期的，不能单看短期的效果。只有致力于动态的过程评价，在评价中更关注建设效果与过去对比的发展进步性和在建设过程中做出的努力，并适当关注阶段性成果，才能真正有效地调控特色学校建设的发展过程。所以，我们主张在特色学校建设的评价中采取以动态评价和过程评价为主、静态评价与动态评价相结合的办法，将终结性评价和形成性评价有机结合，以发展的眼光看待特色学校建设，使发展变化的过程成为评价的组成部分，进而推动特色学校建设朝着积极、主动、健康、可持续的方向发展。

（二）以价值判断和定性评价为主

事实判断只陈述客观事实，价值判断讨论行为标准；事实判断是客观的，是唯一的，价值判断是主观的，是不唯一的。事实判断重在诊断与检测事物的性状，价值判断在于根据价值取向做出符合目的性的推断，前者是基础和前提，后者是目的。特色学校建设的过程和成果有确定的一面，也有不确定的一面。确定性较强的地方主要采用事实判断和定量评价，如特色教师的数量、特色项目的学生参与比例、特色成果的数量等；不确定的地方主要采用价值判断和定性评价，如采用描述性评语来反映办学理念的执行情况、价值观念的转变情况、教师的主动性、特色学校建设方法的新颖性和创造性等。但是特色学校建设作为一种本质上的文化建设，为了更逼真地反映文化建设的本质，更应该在事实判断与定量评价、价值判断与定性评价相结合的基础上，以价值判断和定性评价为主进行评价。

（三）评价结论加入教育鉴赏和教育评定的因素

"教育鉴赏和教育评定"是一种教育评价模式，是美国课程评价专家提出的一个全新的评价模式。其主旨是把教育当作艺术，以评价主体的深厚经验为基础，鉴别评价对象的精妙、复杂及重要特质，进而以仔细、深刻的鉴赏和精细的洞察力为必要条件进行教育批评。鉴赏是欣赏的艺术，而批评是揭露的艺术。一个没有批评技巧的人可以是一个鉴赏者，但一个批评者必须具有深刻的鉴赏能力和批评技巧。"教育鉴赏和教育评定"模式非常符合特色学校建设中文化建设的本质和人全面发展的目标。因此，编者主张在特色学校评价的执行过程中，可以考虑适当加入鉴赏和批评的因素。尤其是在给出评价结论的时候，可以加入教育鉴赏的因素，加大柔性教育评定的比重，适度减少刚硬评价的因素，以深度的教育批评来揭露存在的问题，从而更好地引领和推动特色学校建设。

第二章　特色学校的文化建设

第一节　学校文化特色的本质与构成

一、学校文化特色的本质

学校文化特色是指学校独特的办学气质和风格，它具有不同于其他学校的优质而稳定的特征，是学校在长期办学实践中沉淀下来的优秀文化。

对学校文化特色的内涵及性质，尚无系统的阐述，已有研究主要集中于对"办学特色""学校特色""特色学校"等概念进行阐释。例如对"办学特色"的理解，有研究者认为是学校在长期的教育实践过程中形成的独特而优质的办学风貌或教育风格；对"学校特色"的理解，有研究者认为学校特色是基于自身的历史传统和实际情况，在长期办学实践中逐渐形成的一种区别于其他同类学校的独特、优质而且相对稳定的办学气质和办学风格；对"特色学校"的理解，有研究者认为特色学校应该是整体的、综合的而非个别化的，是学校在长期办学实践中形成的独特的、稳定的、优质的且带有整体性的个性风格。虽然以上内容并未对学校文化特色的内涵及性质予以直接阐述，但其中却包含了一些大家都认同的本质的东西，如学校文化之"特色"应体现出"独特性""稳定性"及"优质性"等特征，这些研究对学者们继续深入探讨学校文化特色的内涵提供了有益的启示。

编者认为，学校文化特色是在学校文化的共性内容上表现出的个性化内涵，是学校在历史发展中产生的有别于其他同类学校的独特的、优质的、稳定的文化过程、方法和事物。这里有两点需要明确：一是学校文化特色的成果形式既包括过程性和方法性内容，比如制度精神等文化形成和发展的过程、采用的方法，也包括具体的物化成果及衍生内涵，如学校建筑、校园绿化、橱窗、校训校标等物化成果，以及由其衍生的学校逸事、师生佳话及趣闻等；二是这种文化成果应该是"独特的""优质的""稳定的"个性化形式，如果是每个学校都有的文化形式，那就称不上"特色"，而只是一般的学校文化。

第一，独特的教育思想是创建学校文化特色的基础。一所学校缺乏独特的教育思想，势必会平庸无为，学校的发展也就失去了方向，更谈不上校长、教师的专业发展，学生的全面、个性、创新发展也会成为空话。

第二，优质的文化成果是学校文化特色的结晶。任何一所学校的文化特色，都不是笼统、抽象的理念呈现，它们最后都会以物化的或观念的形式呈现，通过特色学校的教育教学实践转化为现实的存在，在学校的教育教学的细节上体现出来，最终成为特色学校发展的基础。

二、学校文化特色的构成因素

（一）传统因素

传统因素是一所学校经过多年发展形成的文化遗产，是由学校教职员工、学生所创造的种种制度、信仰、价值观念和行为方式等构成的表意象征。它使学校在代与代之间、一个历史阶段与另一个历史阶段之间保持了某种连续性和同一性，构成了一所学校创造和再创造的文化密码，并给学校的生存带来了秩序和意义。

（二）优势因素

优势因素是对学校文化特色发展起主导和支配作用的、有影响力的因素的集合，它对学校文化特色的存在和延续具有重要价值。

学校作为一个文化有机体，要想保持自己的文化特色并使其持续发展，必须要有主导观念，学校的优势因素可以看作对这一观念的反映和体现。优势因素的存在有助于学校保持其文化特色的稳定性。

（三）新赋因素

新赋因素是学校文化在过去的发展中没有出现，但和现在以及未来有关的、符合时代发展要求的因素的集合。从本质上来看，新赋因素意味着教育创新。教育创新是主体（人）为了达到一定的目的，遵循教育发展的规律，对教育整体或其中的某个部分进行变革，从而使教育得以发展的活动。新赋因素意味着：具有更富有时代性和发展性的教育目的；遵循教育规律；从整体或局部进行创新；改变和革新学校现状，使学校文化特色获得更新和发展。

第二节　特色学校文化建设的思路

一、特色定位

（一）量身打造特色文化

建设学校特色文化需要办学者有先进的思想和理念，找准切入口，在办学过程中不断反思、改进、修正、完善，从而形成独特且稳定的办学风格，获得良好的办学成果。这是一个螺旋上升的、漫长的过程，需要长期的文化积淀，它只有起点没有终点。选择什么样的特色作为今后学校文化建设的亮点，就相当于选择了今后的工作方向。

（二）加快自身文化改革升级

无论是国家层面的教育改革，还是地方层面的学校创新，或者是某一区域的品牌学校的建立，国家和地方政府都大力支持学校特色文化的建设和更新。因此教育工作者要勇于创新，大胆革新，顺应时代发展，建设特色品牌，提升教学质量，进而提升学校的知名度。

有了特色项目，就有了创建特色学校的基础和条件。如果能够把特色项目做精、做细、做大、做强，并逐渐辐射到整个学校，创建特色学校的目标就有可能实现。但是，学校在创建特色文化上不能任性而为，必须要分清学校特色与特色学校的异同，不能看它培养了多少特长学生，而要看全校学生参与度如何，对全体学生的全面发展有何帮助。因此，在创建特色学校的过程中不能急功近利，不能把游离于学校正常教育、教学之外的具有展示、表演性质的东西作为创建特色文化的手段，更不能把已被社会淘汰了的，或者随着社会的发展而即将被淘汰的东西作为特色来创建。

二、特色课程

课程是实现特色学校文化建设的主要阵地。校本课程是对国家课程和地方课程的补充，是符合本校特色的课程。从这个层次来讲，校本课程的研究有助于学校对教学课程的深度解读，是因地制宜、融会贯通的"民间"配方，能促进学校办学特色的形成。

三、特色管理

（一）校长引领学校变革，提升校长的管理能力

管理是实现特色学校文化建设的关键所在，校长则是特色学校文化建设的

根本保障。校长作为学校管理的核心，发挥着至关重要的作用，是学校快速发展的基础保障。校长的一言一行、一举一动都在为学校的发展提供人文支撑、精神支撑、关爱支撑。因此，加强校长形象建设，对构建和谐校园、品质校园，深挖学校教育教学发展的内驱力具有重要作用。

校长是特色学校文化建设的掌舵者。校长是学校各项事务的决策者，学校事务千头万绪，但校长要始终保持一颗文化之心。校长对自己的学校必须要有充足的文化自信，有主观的文化自觉，这样才能建设出有厚度、有广度的学校文化。在特色学校文化建设中，要以激发学生潜能、培育学生品质、发展学生技能为重点。特色学校文化建设离不开良好的管理，良好的管理也离不开特色文化的支撑，特色文化建设可以引领学校的整体发展。

（二）高度重视学生参与，促进学生全面发展

特色学校文化创建是实施科教兴国战略的重要内容。学校特色文化建设始终要以人为本，以学生为本，因材施教。学生是文化建设的接受者和参与者，学校要安排符合学生特点、满足学生兴趣和需要的特色活动，促进学生全面均衡发展。

（三）制定并完善管理制度，形成良好的学习氛围

学校制度文化是学校全体师生在教学和管理当中相互约定或者默认的一种理念，学校制度文化深刻反映了一所学校的整体精神风貌，是全体师生共同遵守的规章典范。学校的制度文化对教师教学、学校管理、学生发展起着至关重要的作用。

四、校园环境

（一）完善基础设施建造，打造特色硬件建筑

学校作为教书育人的纯洁圣地，必须有良好的校园环境。良好的校园环境对加强校园文化建设具有重要的推动作用。学校可以围绕学校特色建设等相关

主题，通过加强基础设施建设和配备的方式，打造优美的校园环境。

（二）营造良好文化氛围，根植特色文化理念

校园自身的环境在潜移默化中影响着师生的身心发展，也是学生宝贵的记忆财富。学校文化氛围的形成需要广大师生的共同努力。

学校要打造响亮、上进的校训标语。学校的校训是教师的教育理念在执教过程中的升华，也是学生成长过程中的启明灯。在学校醒目的位置张贴本校的校训，可以时刻勉励广大师生为实现自己的人生价值而奋斗。在教学长廊处要打造文化长廊，走廊两侧悬挂名人名言、学生优秀书法及美术作品，让学生每次走到走廊，都用警示名句激励自己。在草坪处张贴"关爱小草、和谐自然"等标语，让学生懂得关爱生命，热爱生活。不定期开展户外活动，让学生热爱中华传统文化，在快乐中成长，在成长中获得快乐。这样学生不仅能够养成团结互助的合作精神，还能学到在课堂上学习不到的知识。存在于校园环境中的每一处风景，都能够潜移默化地影响学生的身心发展，有助于他们养成良好的习惯。

第三章　特色学校课程的创建

第一节　特色课程的内涵与价值

一、特色课程的内涵

人们看待特色课程的角度不同，对它的理解也有所不同。编者认为可以从特色课程的定义、特征和类型三方面来解释什么是特色课程。

（一）特色课程的定义

特色课程在字面上是"特色"与"课程"的结合。"特色"意味着与众不同，具有独特性，在广义上指区别于其他事物的特点或特质，是一个中性词；在狭义上指正面的特色，带有褒义的意味，即在一定的时间或者环境里，事物在某些方面区别于其他同类事物的优秀品质，与特长、优异、杰出等概念具有相近的意思。本书提及的"特色"是指特别出色之所在，含有"独出于众者"之意，至少包含独特和优质的意思。

特色课程的范围大概分为抽象与具体两个层次，在抽象层面指地方课程、校本课程、国家课程、区域性主题活动课程等；在具体层面指课程方案、课程实施、课程体系等。

编者在众多学者的研究成果的基础上，结合自己的思考，认为特色课程有广义与狭义之分。广义上的特色课程是指凸显学校办学理念或特色的一切课程或课程体系；狭义上的特色课程是指借助学校资源和优势生成的，既能够体现学校的办学宗旨和学生的特别需要，又与国家课程、地方课程紧密结合的一种具有独特性、多样性和优质性的课程。

（二）特色课程的特征

结合特色课程的定义，特色课程应具有以下四个特征，独特性、优质性、整体性和实践性。其中，独特性和优质性是它的核心特征，整体性和实践性是它的基本特征。

1. 独特性

从字面上看，"特色课程"中的"特色"二字就决定了它的一个核心特征是独特性，这种独特性是从学校的教育理念中凸显出来的。独特性，即个性，与其他课程相比，具有独特的课程目标、课程内容、课程实施和课程评价等；与其他学校相比，是其他学校没有或者不及的课程。

2. 优质性

优质性是特色课程的另一核心特征。独特性是特色课程的外在表现，优质性则是特色课程的内核特征。如果没有优质性，独特性就形同虚设，特色课程就只是一种表面的特色，缺乏生命力，难以维持。特色课程的优质性一方面表现为课程质量优质，不但能促进学生整体发展，获得家长和社会的认可，还可以作为一种优秀典范被其他学校、地区借鉴学习；另一方面表现在特色课程本身的科学性和先进性，不但能充分尊重学生的个性差异，满足学生的需求，而且还能很好地提升学生适应未来社会的能力。

3. 整体性

无论是一门特色课程还是一个特色课程集群，甚至是学校整体的特色课程，都需要服从学校的办学目标，满足社会对人才的需求，遵循国家课程目标。它不是为了标新立异而开发的课程，也不是集中所有资源单独开发的课程，而是需要与学校的课程结构融合，和其他课程保持相对平衡的关系，共同作为学校课程来发展的。另外，特色课程的形成也离不开一个共同体的参与。这个共同体是以学校为开发中心，教师、家长、学生、教育部门、社区等人员作为整体给予特色课程支持。那么，特色课程也应该以促进每位学生全面发展为目标，为学校和社会带来整体效益。

4．实践性

特色课程的成形不是理论思辨后的成果，而是学校在寻求变革的过程中不断探索出来的适合在本校开展的课程成果。它是为了解决教育实践中的问题而生，又在实践过程中不断被检验和改善，可以作为连接课程理论与实践的中介。建设特色课程需要对课程有十分深刻的认识，不仅需要一定的课程理论知识，还要基于教育理念，对课程建设中的相关环节进行分析和提炼。这个过程一方面要检验理论与实践的离散程度，并对二者进行不断完善；另一方面也要根据实际做出调整和改变，促进二者相互适应。特色课程的优质成果来源于实践，也能够解决课程实践中的问题。

二、特色课程的价值

课程质量直接决定学校的办学质量，高质量的特色课程不仅能展现学校的办学质量与特色，还蕴含着一定的价值。特色课程最直接的主体就是教师与学生，对学生而言，不同的课程目标关注的角度各有不同，但特色课程在整体上以学生的个性化发展为出发点和归宿点。对教师而言，参与特色课程的一系列开发工作也有助于其专业能力的提升。同时，特色课程还能更新学校文化，使其保持内在的生命力，逐渐形成学校的办学特色。优质的特色课程价值影响力会更大，不但能够借助地区、社区的优势资源保持特色，还能够给该区域带来一定的文化效益。

（一）满足学生发展需求，促进学生个性发展

特色课程建设是一个具有动态性和针对性的过程，能够作为对国家课程的一种重要补充，有利于达成课程目标。特色课程有别于国家课程和地方课程的课程范畴。它拓宽了课程开发的视野，动员一切可利用的资源和优势，聚焦学

生的核心素养，从而帮助学生实现全面而有个性的发展。在社会转型阶段，学生仅仅依靠知识和能力是无法解决所有情感和价值问题的，特色课程不仅承担着传播知识的任务，还有引导情感和价值观的作用。另外，学生的发展需求不仅体现在学习上，还体现在生活和社会等方面。特色课程能够通过一个完整的课程体系和弹性化的课程设置满足不同学生的发展需求，使学生根据兴趣选择课程，拥有一套属于自己的课程表。

传统的教育过多地强调了统一性，而特色课程则更多地关注学生的差异性，为学生的个性发展提供机会。特色课程的实践价值在于通过对不同层次课程的理解以及对学生特殊需求的分析，找到阻碍学生持续、自主发展的关键性问题，并将可以解决这些问题的知识和经验转为课程内容，而不再以学科为中心。从学生的实际情况来看，每个学生的兴趣爱好都不相同，特色课程可以提供丰富多样的课程类型，在一定程度上满足不同学生的需求，为学生的个性化发展提供更多的支持。特色课程与多元化的选修课程，在学生的成长中有着异曲同工的作用，都注重学生在教师的指导下通过自主构建获得经验或体验。注重课程实施的创新取向，鼓励师生参与课程开发，提高其主体性。比如，在特色课程的目标制定过程中，教师不仅要注重培养学生的能力，还要更多地培养学生的科学探究能力，通过为学生设立个性化的课程目标，让学生找到自己喜欢的课程，充分挖掘自身潜能。再如，特色课程的评价也具有个性化。评价方式多样，注重过程性评价和质性评价。学生既是被评价的对象，又是评价主体，为学生制定个性化的课程培养计划和评价机制，有助于促进学生的个性化发展。

（二）赋予教师课程权力，促进教师专业发展

根据学生的需求、爱好和差异，教师可以对特色课程进行不同程度的调整和完善，这给予了教师更多的自主权。它能够将教师从传统固定的模式中解放出来，赋予他们制定课程内容的权力。尤其是在特色课程的开发与实施上，教师对课程有了自己的思考与教学方式，就能从原来消极的课程消费者转变为积极的课程开发者。以往，与社团活动相比，特色课程建设一般只有少数教师参与，如音乐、美术、体育等教师负责相应的社团活动。但这些社团活动实施随意并缺少课程目标、评价等要素，算不上课程。在特色课程建设过程中，教师

对特色课程有了明确认识后，特色课程的建设工作就不再由某些教师负责，而是由大部分教师甚至全校教师共同合作完成。教师选择自己感兴趣的课程进行自主开发，寻找自己擅长的领域，对现有课程体系进行思考研究，并加深对现有课程的认识。

特色课程不仅能增强教师的课程意识，也能提高教师的教学能力。很多教师习惯遵从课程标准的要求，依据教材进行教学，缺少对课程的思考。作为特色课程的开发者与使用者，教师一定会遇到各种各样的问题，比如目标的制定、内容的选择等。教师在解决这些问题的过程中就会不断加强对课程理论的学习。另外，特色课程注重综合学科知识的融合，这也能于无形中促进教师之间的相互合作，使其共同分享专业理念与技术，从而解决特色课程建设中产生的问题。以往教师只和同一办公室的教师交流，但是特色课程建设不是单靠哪一位教师或者哪些教师就能完成的，而是由全校不同学科领域和不同职位的教师共同完成的。在合作的过程中，也会改变一些教师对特色课程的保守态度，带动更多的教师投入特色课程的建设中。总之，特色课程为教师提供了更广阔的平台，在这个具有动态性和实践性的过程中，教师的课程意识和课程能力也会不断发展。

（三）彰显学校办学特色，增强学校的生命力

特色课程致力于使学校形成自己的办学特色。由于每所学校都有独一无二的文化底蕴，也有得天独厚的优势资源，更有不同的办学理念和办学目标，特色课程可以最大限度地体现学校的办学水平和特色。特色课程是学校自主开发的优质课程，充分利用了学校的优势资源，使学校逐渐形成与其他学校不同的办学特色。促进学生个性发展是特色课程建设的最终目的，学校特色的形成是特色课程发展的自然追求。一方面，学生和教师的个性和专业能力在特色课程创建的过程中得到了成长和发展；另一方面，学校特色也是师生在特色课程中逐渐沉淀积累的结果。换言之，学生和教师的成长是学校特色课程的外在表征，学校特色是建设特色课程的自然结果。

特色课程有利于增强学校的生命力。建设特色课程的能力是学校创新能力的综合反映，它要求学校处理好新文化与旧文化之间的融合问题。特色课程不是一成不变的，它随着学生的需求、社会生活的变迁不断更新和发展。但是在

这个过程中，特色课程能动员学校的每一个人参与建设，积极地解决问题。同时，在旧文化和新文化的碰撞中，学校也会因为特色课程的建设逐渐形成具有民主、合作、多元等特点的文化。每当有新的思想与政策出现时，学校领导和教师都会积极地尝试将其融入当前的教育实践。因此，在对课程体系的顶层设计时，要结合学校的实际情况、办学理念和学校文化，使特色课程成为特色学校教育思想的内核。在激烈的竞争中，特色课程能够由内而外地激发学校的生命力，促进学校的可持续发展，实现"一校一品一特色"。

第二节　特色学校课程的创建思考

一、特色学校课程的建设

（一）以学生特别需要为前提条件

特色学校的课程建设要想取得一定的成效，必须保证其课程开发是科学且合理的。学生是特色课程的关键，满足学生的特别需求是特色课程开发的起点和归宿。有些学校本末倒置，把目光放在"特色"上，一味追求学校特色或课程特色，而忽视了只有满足学生的需求才能形成特色这一事实。特色课程的建设是一个动态且不断发展的过程，如果一所学校的特色课程因为跟风而开展，或者单凭校长号召而建立起来，那么这样的"特色课程"就不是学生的特色课程而是校长课程，极易受外部影响而夭折。因此，只有不断满足学生的个性需求，才能形成学校特色，保持特色课程的生命力。

第一，特色课程建设前期的首要任务是分析学生对特色课程的需求。特色学校在需求评估中，要先分析不同年级学生的具体需求，再从整体上分析不同年龄段学生应有的需求，以此撰写学生的需求分析报告。学校可以采取问卷调查的方式向学生进行调研，也可以开展座谈会随机选取学生代表一起解决以下问题，比如学校课程有哪些问题，哪些需要改变，学生喜欢的课程又是什么……尽可能最大限度地减少特色课程与学生之间的距离。

第二，制定具有差异化的课程目标，根据目标开设不同的特色课程，尽量减少"趋同性"的课程。学习型社会注重四种基本学习形式：学会认知、学会做事、学会共同生活、学会生存。随着时代的发展，这四种基本学习形式被赋予了更多的含义。因此，特色课程的目标也要以培养学生多方面的能力为着力点，为学生设立因材施教的个性化学习机制，帮助学生挖掘潜能，寻找自己的兴趣和特长所在。

第三，设置多样化的课程种类，供学生选择。传统的课程模式并不能完全适应学生的个性化发展需求，随着学科的发展，课程种类保持更新成为国际课程发展的趋势，比如很多学校开设了人工智能的课程供学生学习。在特色课程的内容和安排上，特色学校可以预先制定一份"特色课程菜单"，让学生勾选他们感兴趣的课程，删掉不喜欢的课程，充分尊重学生的意见并及时进行调整。这样一来，课程与学生之间的距离也就更近了。在特色课程的实施方面，教师应该多采取学生喜欢或者感兴趣的方式开展，重视学生的学习体验。学生在平时生活中喜欢的做事方式其实都是课程实施的可能方式，比如学生喜欢活动、对话的学习方式，教师就可以相应地采取对话的方式来实施课程。在学生选课前，学校应该对课程有一些介绍和宣传，并制定具体详细的选课手册指导学生自主选课，减少家长和班主任的过多干预。

第四，制定个性化的评价机制，从关注结果转向关注过程。在一般的课程评价基础上，特色课程的评价机制让教师与学生共同成为评价的主角。特色课程是开放的课程，所以课程的评价主体除了教师与学生，还有多方人员。对学生的评价，应采取过程性评价方式，如个案评价、行为观察、成长记录袋等方式，从多个方面考察和评定学生的课程学习情况，使学生的个性获得发展，进而使学生全面地认识自己。对教师的评价，学生最有话语权，可以采用师生协商评价的形式，改变教师评定学生的传统，师生一同成为评价的主体。学校也要健全促使教师专业能力不断提高的发展性评价体系，不以学生成绩作为唯一的评价指标。

（二）培养教师的课程意识和能力

教师是学校工作的中坚力量，建立一支结构合理、相对稳定的教师队伍是课程改革的关键。特色学校在特色课程的创建中，要及时调整和优化师资队伍，培养和提高教师的课程意识和能力，打造出一批有教学个性、有鲜明的教学思想，尤其是对课程有独到见解，且富有强烈而执着的创新精神的教师群体。这样才能够高效、有序地对特色课程进行开发和实施，汇聚成一股强大的教育力量，带来显著的办学效益。

1. 培养教师的课程意识

教师对课程系统的理解与把握乃至创造的程度，反映了教师的课程意识和课程建设水平。如果教师对课程本身的理解存在偏差，不仅会增加教师的工作负担，还会直接影响教师的专业成长，对学生的学习生活也会带来一定的影响。因此，教师的课程意识格外重要。它包括教师对课程本质、教学目标等方面的基本看法，影响着课程设计，也影响着教师在课程实施中扮演的角色。与国家课程不同，特色课程更强调多元和创新，需要教师积极参与，并能够成为开发者、实施者和研究者。

在特色课程建设中，教师应该具备什么样的课程意识呢？首先，要有学生是主体的意识，能够重视学生在课程中的主体地位，在课程目标、课程内容等方面充分考虑学生的需求。其次，要有生成意识，能够在课程实施中打破固定的课程范式，将静态预设的课程方案转变为动态的课程实践。最后，还要有反思意识，能够及时反思课程实践，不断促进特色课程建设。

教师的课程意识主要表现为三种状态：睡眠状态、迷失状态和觉醒状态。要唤醒教师的课程意识，可以采取以下策略。

首先，教师应该从思想上重视课程意识。在特色课程建设中，教师只有具备全新和明确的课程意识，才能切实把握对课程目标、教学内容和教学评价等内容的设计方向，并妥善处理好经验与特色课程之间的关系。

其次，教师要能自觉反思课程实践过程。反思是教师自觉建构教育理念的过程，通过反思，教师能够提高教育的实践能力。教师的反思性实践是以自我为研究对象的一种研究活动，是对自己的课程理念和教学行为的辩证否定。站在课程的角度进行反思，能使教师在课程实践中不断探索如何设计课程活动，不断思考如何结合学生的学情调整课程内容的问题，既能锻炼教师的教学能力，又能提高教师自觉建构教育理念的意识。为此，教师应自觉地反思自己的教育实践，以便更好地强化自身的课程意识。

最后，学校也要重视课程制度建设。建构良好的课程文化，有利于教师明确自身的课程意识。尤其是课程制度的建设，能够用规章制度要求和约束教师的教育行为，直接影响教师课程意识的形成。另外，学校也可以利用校本教研的形式，增加教师之间的合作交流，让课程意识较高的教师分享经验，带动其他教师树立课程意识。

尽管课程意识只是一种观念，但是教师对课程的理解、开发和实施都影响着特色课程建设。只有观念上发生转变和提升才会有下一步的行动和实践，因此应该注重对教师课程意识的培养，切实发挥出特色课程应有的育人功能。

2. 提高教师的课程能力

特色课程建设本身是一个动态的过程，要求教师具备一定的科研能力，善于在教育实践中发现问题、研究问题和解决问题，将获得的经验不断地反馈到教育实践中，不断地调整和完善实施过程。教师的课程能力包括以下几方面：其一，具备一定的课程理论知识，这是课程能力的基础。其二，解读课程纲要和课程标准的能力，通过对课程纲要的解读，正确把握特色课程的价值意义，找到特色课程建设的结合点。其三，课程设计能力。教师是课程建设的主力军，需要对课程设计驾轻就熟，有逻辑、有条理地安排课程活动。其四，开发和利用课程资源的能力。学校资源毕竟有限，需要教师拓宽课程视野，开发身边的课程资源，保证课程顺利实施。

提高教师的课程能力，可以通过以下几种途径来实现。

第一，搭建平台，重视课程能力的培养。对在职教师的培训而言，学校一般都侧重教师的专业知识技能和教育知识技能的再学习与再提高，或者将信息技术应用于教学的技术培训等。在特色课程建设中，教师面临的问题更多的是设计课程内容以及如何有序安排课程。因此，特色学校应该重视对教师课程知识与技能的培养。比如聘请课程专家举办一些具有针对性的讲座；将专家"请进来"带领教师开发和设计特色课程；也可以让教师"走出去"，考察特色课程建设比较成功的学校并深入课堂学习等。此外，学校可以与培训机构合作，一种方式是直接由外聘教师开设专业的课程，校内比较感兴趣的教师跟随课堂进行学习，待教师能力提升后便可独立承担该课程。另一种方式是将教师直接送往专门的培训机构进行集中培训，再承担课程的设计与开发。总之，学校要通过多种方式让教师多接触课程相关的知识和理论，详细指导教师进行课程实践。值得注意的是，对教师进行培训时，切忌用力过猛，将教研员或专家意志强加于人，使一线教师产生抵触情绪。尽量使培训形式多样化，调动教师的兴趣。同时，还要关注到教师的个人修养。特色课程与其他课程很大的不同在于教师的自主权很大，教师的个人素质也潜在地影响课程实施的效果。

第二，以校为本展开教研活动。特色课程的教研活动应在学校的具体情境中展开，主要讨论特色学校课程自身的问题。因此，特色学校可以按年级为单位成立特色课程的教研小组，每周开展教研学习和交流活动，并加强教师之间的合作。对特色课程建设中遇到的问题，教师共同商议解决，偶尔也可以鼓励课程质量较好的教师主动分享经验，为其他教师提供可借鉴学习的方法。另外，特色学校也可以成立专门的特色课程研修团队，有步骤、有计划地解决实际中的课程问题，对为解决这些课程问题开展具体的活动。同时，也要鼓励教师展开行动研究，解决教育实践中遇到的问题，并在这个过程和结果中进行持续批判和反思。在课程实践中，教师会遇到各种各样的问题，教师要有研究意识，要能够利用课程知识去解决问题，并从中获得经验。这样有助于教师将课程知识应用于课程实践中，有助于培养教师的课程意识，也有助于提高教师的课程能力。

第三，教师自身要具有主动学习的意识。教师要主动提高自身的教学能力，要主动了解其他学校特色课程建设的案例，从中寻找可借鉴的经验，提升对特色课程的认识。另外，教师应该主动承担某门课程的开发工作，也可以申请研究与课程相关的课题，对学校特色课程进行理论层面与实践层面的研究。教师要通过多种方式促进自身专业成长，提高自身的专业素质。

总之，在特色课程建设过程中，教师需要承担大部分责任。不仅学校需要重视教师课程能力的提高，教师自己也需要有意识地主动学习和提高课程能力。

（三）加强特色课程建设保障

特色课程建设应该从学校文化、课程制度和课程资源三个方面给予保障和支持。

1. 更新学校文化

特色课程或者校本课程在学校的课程体系中常常处于"尴尬"的地位，会与国家课程、地方课程在课时、师资等方面产生冲突，原因之一在于学校及教师缺乏对学校文化的认识，忽视了学校文化是保证特色课程顺利实施的支持和保障。学校文化的定义有许多种，但最基本的定义是"学校群体成员处理周围事情的方式，包括目标、期望、认同和习惯"。学校文化集中于学校师生都认同、传播的具有一定影响的社会主义核心价值观体系，而这种价值观体系是学校在长期办学实践中形成的。随着研究的深入，人们已经逐渐意识到学校文化是影响课程实施的重要因素。学校文化对课程改革有重要影响。良好的学校文化可以消除教师学术上的孤独感，促进教师的发展，提高学校课程实施的质量。

学校文化的建设可以从观念文化、制度文化、课程文化和环境文化四方面来着手。

首先，在观念上确定学校文化的主题，赋予其丰富的内涵，使其体现出教育理念的科学性和先进性，强化师生的认同感。另外，学校要明确教育的本质，最大限度地促进师生的发展。

其次，在制度文化上，由于学校的工作比较繁杂，要想使全校师生的行为有章可循，就必须依赖学校制度。学校在制度文化建设中，要摆脱旧文化对学校的限制。在学校管理层面，就坚持以人为本；在课程与教学方面，要重视研究和崇尚多元的原则。

再次，课程文化是学校文化软实力的重要体现和表征。学校文化也要通过课程这个载体渗透到师生的学习与生活中，课程文化丰富和扩展了学校文化建设的内涵，使学校文化建设与每一个教师的日常教学工作联系在一起。因此，学校应建立以课程文化为核心的学校文化，整合学校文化系统中的各个功能，避免学校文化建设过程中出现相关问题。

最后，在环境文化上，学校的环境也是一种隐性课程，因此学校要重视环境设计对教育的影响，系统地设计室内和室外的布局。一些学校虽然也重视学校文化，但实际上却只专注于表面工作、应付检查，如校园的布置、标语的设计，以及突击性地举办各种教学节活动等。这种学校文化会给师生的学校生活带来负面影响。学校文化建设不是一朝一夕就能完成的，它的形成并固化是一个长期的过程。

2. 完善课程相关制度

课程制度的确立与完善是特色课程建设的关键,特色课程的制度关系着学校特色课程的发展。因此,特色学校不仅要在特色课程开发、实施等环节健全相应的制度,还要从课程管理、经费保障和教师激励机制三个方面为建设特色课程创设良好的环境。

(1)健全课程管理制度

课程是一个复杂庞大的系统,各要素之间相互联系,因此课程管理显得尤其重要。从教育主管层面来说,保持国家课程、地方课程与学校课程之间的平衡关系,需要各管理部门相互协调配合。

首先,明确各部门的职责,划分权限,对课时、资源和师资统筹兼顾,使学校课程体系正常运转。其次,对特色学校开发的特色课程要有审核、评价和监督这些环节,并制定具有稳定性和规范性的规章制度,保证每个环节都有章可循。最后,加强对校长的培训,转变校长的课程观念,给予特色课程行政上的保障。总体上,特色课程管理要坚持以人为本。

从学校层面来说,特色课程与其他课程的不同之处在于,它是教师和学生共同参与开发的课程,在课程管理上比传统课程管理更民主和谐。另外,特色学校也要建立职责划分明确的教学管理制度。同时,特色学校还要建立一套有效的特色课程质量监督体系,加强对教师教学行为的监督,留意并调控特色课程实施的动态。课程的管理机制一定要落到实处,制定出具体的实施细则、奖惩制度等,但也要避免僵硬化。

(2)改进教师激励机制

一个好的激励策略能够满足教师的需要,有利于发挥教师的作用,激发教师的创造性。编者在访谈中了解到,不少教师每天除了教学外还有很多工作,他们要兼顾学校和家庭,非常疲惫。有的教师也表达出特色课程不受领导、同事的重视,在推进过程中会产生懈怠的心理。因此,提高教师的积极性显得尤为重要。

首先,学校要加强对教师的理解和关心,满足教师的物质需求。对一些教学外的工作或学习要给予适当的补贴,努力提高教师的福利待遇,尽可能地满足教师的经济需求。教师不受物质经济的困扰,才能够更加安心地工作,充分发挥其积极性。

其次，学校也要关注教师的精神需求。表彰先进教师，引导教师积极参与学校特色课程建设。学校领导要平易近人，多与教师谈心，交流思想，加强团结，这样才能提高教学效率。学校平时要多开展比赛或者活动，鼓励每位教师展现自己的才华，全方面地了解教师，增强教师的集体荣誉感，为特色课程营造良好的文化氛围奠定基础。

另外，学校也要改进奖罚机制。学校一般都侧重使用奖励和不奖励这两种策略调动教师的积极性，但是这样也会使一些教师产生惰性心理。因此，学校可以适当给思想上比较消极的教师一些危机感，把个人劳动报酬与绩效挂钩，多劳多得。

最后，对一些积极参与开发与实施特色课程的教师，学校可以多关注、多奖励；也可以将教师参与特色课程建设列入绩效或职称评定项目，学校在评价中要做到公平、公开、透明，这样才能够更好地推进特色课程的实施。

3. 合理开发课程资源

在特色课程的开发与实施过程中，很多教师会忽视学校以外的资源利用。但其实课程资源的概念非常丰富，并不仅仅包括教材。特色课程本身是多方参与的项目，学生家长、学校之外的社区等也是开展特色课程的补充资源。

第一，社区可以为学校提供很多物质资源，比如图书馆、博物馆、体育馆等这些公共设施，学校可以凭借一些条件与这些场所合作，给学生提供实践的机会。

第二，学生的家长也是潜在的课程资源。一些家长可以给学校提供一些便利的条件，比如参观工作场所如工厂、商场等。有的家长擅长手工制作，可以邀请他们在手工类课程上对学生进行指导。

不同的学校还拥有天然的地理优势。比如，地理位置坐落于某个景点名胜附近的学校，可以让学生体验摄影师、导游、策划等职业活动，培养他们的审美情趣和职业意识等。特色课程建设虽然需要一定的经费和师资力量的支持，但是只要能够拓宽视野，合理挖掘身边的资源优势，就能发挥不同学校的角色功能，展现不同学校的特色，为社会培养出各级各类合格的人才。

二、特色学校课程的亮点

（一）课程理念个性化

课程理念体现了对课程的基本认识和秉持的价值观。特色课程强调知识与学生生活的融合，也重视目标、计划与教学过程本身的价值。特色学校对课程秉持的理念能更直接地反映在课程中，并有意识地平衡学科知识、学生经验和社会生活三个要素之间的关系，也使得学校对特色课程的期望变得更具体，在课程建设的理念方面也显示出学校课程模式的个性化和独特性。

特色课程的理念是学校内部反复斟酌的结果。国家对课程的研究方向正转向对课程的理解，这就要求教师和学生以课程为载体进行有意义的建构，关注学生在课程中的主体性。我国一些学校在特色课程的建设过程中，紧跟国际课程理论发展趋势，在课程建设上不再寻求固定统一的模式，而是跳出范式探索更多元的可能，体现课程的情境性。课程理念的独特性也必然会导致学校课程建设个性化。

（二）课程体系完整化

为了最大限度地实施特色课程，特色学校既不能一味追求特色课程而影响国家课程和地方课程的基本实施，也不能使特色课程形同虚设，仅仅停留在口号上。许多学校的特色课程体系都会有意识地保证每类课程之间的平衡，并形成一个比较完整的体系来发挥其教育合力。在学校课程的规划上，课程大概大致被分成了两类，一类是经过学校优化的国家基础课程，另一类则是基础课程的延伸，能让学生个性得以发展的课程。这种课程框架展示出一定的合理性和完整性，将学校特色与学生个性更好地结合在一起，既注重学生的个性发展，也保证学生的基础学力。

不过，这种整合模式的课程开发难度较大，学校必须具备一定的经济实力和强大的师资力量。所以很多学校在课程规划上，其实更倾向利用有限的课时使特色课程发挥最大的作用。总之，特色课程建设并不只是增加兴趣社团类课程，而是在理性地审视学校课程之后，对课程进行调整优化。如今正在建设的许多特色课程，非常注重课程的顶层设计，不完全否定学科知识的价值，而是将学生经验和社会要求融入课程当中，适当调整比例关系，共同指向学生的发展。

（三）课程内容多样化

课程选择多样化已成为国际课程改革的主要趋势。很多学校在特色课程的设置上就充分体现了多元性和选择性。比如华南师范大学附属小学开设了很多丰富的特色课程，既有人文赏析类，也有艺术创作类，共四十五门课程。其中一门手工制作课虽然以手工制作为主，但是课程内容丰富，包含绘画、文学创作、测量、表演等多种活动，深受学生的喜爱。清华大学附属小学也推出了师生共创的课程，还有很多学校开设了时下热门的编程课程、机器人课程等，并随时更新课程种类。很多学校在特色课程建设之初以丰富的兴趣活动课程作为起点开始探索，特色课程紧随国际课程改革趋势，保持种类不断更新，即便是选修的兴趣爱好课程也应尽可能避免过多重复的种类。

学生个性发展的标志是能在复杂情境中做出明智的选择和具有解决问题的能力。这些知识和能力不是依靠某一门学科就能学到或获得的，需要摆脱以分科为特点的"学科中心论"的影响。因此，特色课程的内容也不会只注重某一学科领域而是会综合其他学科的知识，如一些实践类课程。有的学校会围绕附近某座人文景点展开实践活动，这样就会涉及地理、历史、数学等学科，从而通过任务单的形式培养学生解决问题的综合能力。还有的学校在课程内容设计中会采用项目式学习的方式，通过分组合作的形式组织学生对知识进行探索和研究。

（四）课程特色地域化

特色课程需要调动一切可利用的优势资源，所以对课程资源的开发与利用不能只停留在学校内部，而要将范围扩大。当特色课程借助区域资源优势，与当地区域文化紧密结合时，特色课程就会不自觉地成为区域文化的形象代言。中华民族的历史文化源远流长，不同区域的地理环境、政治经济、人情风俗都存在不同程度的差异。正是由于区域文化之间的不同，才形成了荆楚文化、齐鲁文化、巴蜀文化等不同的文化流派。很多学校充分利用地理优势，将这种地域特色与课程结合起来，使特色课程名副其实。

在特色课程与区域文化相互适应的过程中，课程作为文化传承的载体，通过传播区域文化来熏陶学生，并通过学生群体向周围的人和社区辐射，有利于区域文化的积淀与传承。因此，特色课程具有推动文化特色发展和加强文化遗产保护的双重社会效益。

第四章　特色学校教学管理智慧

第一节　特色学校教学管理的相关理论

一、教学管理的含义

教学管理是学校管理中最基本也是最重要的管理，可以从两个层面来解释。从宏观上讲，教学管理是指教育行政机关对各级、各类学校及其他教育机构教学的组织、管理和指导；从微观上讲，教学管理主要是指学校内部的教学管理。本章提到的教学管理是指学校内部的教学管理。有了学校教育，就产生了教学管理。人们对教学管理规律的认识，是随着社会生产的发展和学校教育的变革而逐步发展完善的。

什么是教学管理呢？对这一问题，学者们至今没有一致的看法，以下是关于教学管理的几种定义：一种观点认为，教学管理是学校管理者遵循管理规律和教学规律，科学地组织、协调和使用教学系统内部的人力、物力、财力等，确保教学工作有序、高效运转的过程。另一种观点认为，教学管理是学校教学行政人员为完成教学任务、提高教学质量，运用一定的原理和方法，通过一系列特有的管理行为组织、协调、指挥和控制教学工作，以求实现教学目标的过程。还有一种"组合说"，认为教学管理是指学校管理者根据教育方针、教学计划、教学大纲的要求，根据教学工作的规律，运用现代科学管理的理论、方法和原则，通过计划、组织、检查、总结等管理环节，对教学的各个方面、各个要素、各个环节，进行合理组合，推动教学工作正常、高效率地运转。

上述三种定义都着眼于学校层面，认为教学管理是学校内部的管理，而撇开了教育行政机关对教学的管理。事实上，很多的教育管理工作，包括教学管理，都是统一的整体，机关部门在承担，学校也在承担。从这一事实出发，教学管理应该包括宏观和微观两个层次。微观层次的教学管理主要是指学校内部的教学管理，这是狭义的教学管理。宏观层次的教学管理是指教育行政机关对各级、各类学校及其他教育机构教学的组织、管理和指导。

从现代特色学校教学管理实践来看，教学管理通常是由教学内容管理、教学组织管理和教学过程管理三个基本部分构成的。

教学内容管理主要包括课程体制、教科书制度以及课程的设置与安排；教学组织管理主要是指教学管理组织系统的构成、教学人事管理和教学组织形式的选择；教学过程管理一般包括教学目标的设置，教学环境的管理，教学方法、手段的提倡或推行，教学效果的评定等。

二、教学管理的特点

（一）教学管理的能动性

教学管理的能动性是指人的主观能动性。教学管理的对象主要是教师和学生，充分、有效调动教师和学生的积极性是衡量教学管理工作成效的主要标准。

在教学管理中，教师和学生具有双重身份。当教师作为学生学习活动的组织者、指导者时，属于管理者，发挥管理者的职能；而当教师作为特色学校教育教学活动的执行者时，则属于管理对象，履行管理对象的职责。学生既是学校和教师的管理对象，又是自身学习活动的自我管理者。教师与学生无论是管理者还是管理对象，都具有主观能动性，彼此影响、相互促进。

（二）教学管理的动态性

教学管理涉及的每个环节都处于动态发展的环境中，如培养方案的制订要随着社会经济的发展更新和完善，教学运行的管理要随着学校教学条件的变化进行合理调整，教学质量的评价体系要随着特色学校建设内容的变化不断更新等。

（三）教学管理的协同性

教学管理的主要任务是协调好学生的个体活动和学校教师组织的集体活动，充分发挥教师、学生的个性，为个人和集体的协同发展提供有效保障。

（四）教学管理的教育性

教学管理人员通过合理制定管理制度，有效实施管理，奖惩分明，帮助学生实行自我教育、自我管理、自我服务的"三自"管理，达到育人的最终目的。

（五）教学管理的服务性

学校的中心工作是育人，教学管理要围绕教师"教"与学生"学"做好服务工作。增强服务意识是对教学管理人员最根本的要求。

三、教学管理的内容

（一）教学目标管理

教学目标管理，是指通过上下级的共同参与，让特色学校的教学总目标达成一致，再将这一总目标分解为各部门和各系部的分目标，最后将教学任务与资源落实到具体的教学人员，使每位教师承担的子目标与学院教学的总目标联系起来，并作为教学效果的评价标准；学校教学目标管理以教师的自我控制为主，他们定期向院系两级汇报工作目标的进展情况，当教学目标完成后，再由学院、系部与教师结合预定目标共同对成果进行考核。

（二）教学计划管理

教学计划管理是以专业教学计划的修订为主线，不断完善教学过程的总体设计。专业教学计划是为实现培养目标制定的具有法律效力的规范性文件，教学计划能够反映制定者的教育思想及教育观念。制订专业教学计划是个系统工程，专业教学计划实际上是实施全面素质教育的人才培养计划。专业教学计划要定期修改，一旦确认就要严肃认真地执行，并让全体学生了解。

（三）教学运行管理

教学运行管理主要是对围绕教学计划的实施而进行的教学过程及相关辅助工作的组织管理。教学运行管理是学校教学工作有序、稳定运行，不断提高教学质量的重要保证。

教学运行管理主要包括六个方面的工作：第一，教学大纲的制定；第二，组织管理课堂教学环节，稳定教学秩序；第三，加强教学实践环节的管理，注重培养学生能力；第四，加强教学过程监控，发挥院系行政和教学管理队伍的作用；第五，强化教学计划组织落实，制定出切实可行、科学合理的课程表、教学运行表和考试安排表等；第六，加强考试管理，制定考试制度，组织好评卷等环节，杜绝作弊现象等。

（四）教学过程管理

学校教学过程管理是指教学管理者依据教学管理目标，按照教学特点和教学管理规律，在教学管理原则的指导下，选择切合实际的教学管理方法，对教学工作进行管理的活动。

教学管理者以教学、育人工作为中心，为达到特色学校的预定目标，有计划、有步骤地进行有程序的共同活动。教学过程是有序的、动态的过程，各环节是互相依存、互相促进的。计划是教学管理过程的"统帅"和"主持者"，是目标制定的起始环节。

在教学过程管理中，管理工作实施的过程是将计划变成现实，是目标实施的中心环节；检查是对实施的监督，是目标监督的中继环节，是对计划的检查；总结是对前面两个环节的总体评价，是目标评估的终结环节。

（五）教学常规管理

教学常规管理是教务行政管理的一个重要方面，也是教学质量管理的一项基础性工作。教学常规管理内容可以概括为五个方面：学籍管理、排课管理、教学文件管理、考务管理、教务统计。

（六）教学质量管理

教学质量管理是整个教学管理的核心部分，是按照培养目标安排教学活动并进行质量控制的过程，采用科学的手段和方法，对教学过程进行全面设计、组织实施、检查分析，以保证在教学过程中能够达到预期的效果，其根本目的是提高培养人才的质量。

四、教学管理的任务

（一）坚持正确的教学方向

教育方针是确定教育事业的发展方向，指导整个教育事业发展的战略原则和行动纲领。

在教学管理中，要组织教职员工认真学习党和国家有关的教育方针、政策和法规，树立正确的教育教学思想，用以指导教学实践，确保教学工作沿着正确的方向前进。只有保持思想上的正确方向，才能避免滑入泥潭；只有通过学习真正转变了思想，才会在行动上彻底改变。

（二）建立教学指挥系统

要实现教学管理的目标，必须建立一个计划周密、实施果断、调控有力、高效科学的工作指挥系统，这个系统要机构健全、层级分明。这样，教学管理才会有血脉畅通的组织保障。

（三）建立完整的管理制度

教学秩序的构建与巩固，不能仅凭个人的自觉。学校必须制定严密的规章制度：一方面，排除外界不合理的干预对正常教学秩序的冲击；另一方面，消除来自学校内部影响教学工作的各种隐患。在教学管理中要按照规律办事，通过建立教学常规管理制度来稳定教学秩序。

常用的教学管理制度包括两个方面：第一，教师教学工作制度，包括教师岗位责任制度、教师工作量制度、集体备课制度、考试制度、教学质量评估制度等，用以明确教师的职责，使教师的教学工作合乎要求；第二，学生学习管理制度，包括课堂教学、作业要求、考试纪律、实验规则、升留级制度及学籍管理制度等，这些制度能够引导学生认真听课，完成学习任务，达到学校的培养目标。

在制度建设过程中，不仅要注意发挥制度的规范功能，更要注意发挥制度的创新功能。要提倡基于规范、超越规范，对管理制度适时进行更新与完善，使之具有权变性，为教学改革与创新保驾护航。

（四）让师生共同参与管理

教学不是一项简单的、机械化的工作，它需要参与者的热情与创意. 在教学活动中，教师是重要的参与方，教师只有充分发挥自己的主体性和主观能动性，才能在教学实践中创造性地贯彻执行管理层的指导方针，获得最佳的教学效果。而达到此境界的一个必要条件就是创设教师参与教学管理的机制，从源头调动教师的教学积极性，鼓励教师进行教学探索。

学生是教学的对象，但在教学管理中也应给予他们参与的机会。接受公平的教育，是学生的基本权利。获得最大限度的发展，是学生的合理诉求。学生参与学校安排的所有教学活动，对教学的成效与不足会有最直接、最深切的体会。因此，学校管理者应当认真倾听学生的意见，及时满足学生的正当要求，不断加强教学管理，让教学活动更好地服务学生。

（五）把握教学管理的全过程

教学质量是学校的生命线，教学管理工作的一切努力都是为此服务的。当然，教学质量绝非单纯指学生的考试分数或升学率，它是整个教学过程优化组合的综合体现。

为了提高教学质量，学校应该扎扎实实地抓好教学管理的每一个环节、每一项工作。学校管理者及教师要抓好备课、上课、作业的布置与批改、课外辅导、学业成绩的考核与评定等环节，这些环节是基于教学规律、学生的认知规律而形成的先后衔接、相互作用、彼此制约的活动秩序，任何一个环节都不能出现偏差。所以，学校在教学管理中应根据课程计划与教学大纲的要求，确定每个环节的质量标准，通过质量检查、评估、分析、改进等活动，控制好各个环节，以确保最终的育人质量。

第二节 特色学校教学计划与教学组织管理

教学计划管理主要是指对课堂教学的计划与目标进行管理，保证教学计划制订与实施的可靠性。教学组织包括管理性组织与诱导性组织两种类型，而教学组织管理则是通过运用这两种方法对课堂教学过程进行全方位管理。

一、教学计划与教学计划管理

（一）教学计划的概述

1. 教学计划的含义

教学计划有广义和狭义两种理解。广义的理解包括培养目标、培养规格、学习年限、课程设置和教学进程总体安排等内容；狭义的理解则包括课程设置、教学进程总体安排等内容。

狭义的理解是针对某一阶段的教学工作预先制定的教学目标、教学措施和步骤的书面安排。它是在培养目标和培养方案确定以后，为具体实施培养方案而制定的。

从时间系列看，教学计划是一个纵向推进的进程；从相关课程看，教学计划是一个横向关联的结构。两者的合理结合形成一个横向扩展、纵向延伸的学科体系。在教育部用培养方案取代以往的教学计划后,教学计划就只是培养方案的一个主要组成部分了。特色学校教育计划的最终目标都是解决培养什么人,如何培养以及业务方向、服务方向、人才类型等问题,都是基于一定的教育目的和培养目标而编制的关于课程设置、时数、顺序的文件,都是特色学校组织教育教学过程、安排教学任务乃至确定教师编制的基本依据。

2. 教学计划的类型

教学计划分为多种类型,包括长期计划(学年计划和学期计划)以及短期计划(单元计划、每周计划和每日计划)。这些不同类型的教学计划之间需要相互协调。对课堂效果的预期将决定教学目标,教学计划也必须要反映这些教学预期。很多教学行为是由地方制定的课程标准或者测试要求决定的,但目的都是教学生理解知识、鉴赏知识以及运用知识。因此,教学计划将固定的课程转化成了有意义的教学活动、作业任务以及学习经历。特色学校在制订教学计划时,应重点考虑这两点:第一,学生需要掌握哪些技能和知识;第二,哪些活动可以让学生对学习产生兴趣。

3. 教学计划的制订要求

第一,教学工作计划应根据党的教育方针和教育行政部门对学校工作的指示精神,坚持以课堂为主,全面安排,面向全体学生,努力提高教学质量,保证教学工作的正常进行和稳定的教学秩序。

第二,教学工作计划应从特色学校的实际出发,提出明确的任务和经过努力就可以实现的目标。目标定得过低,达到目标轻而易举;目标定得过高,即便经过艰苦努力,也不能达到目标。这些都会挫伤教职工的积极性。

第三,教学计划要有连续性。教学工作的周期性强,每一个教学周期(学期、学年)都是前一个周期的继续和发展,每次计划都必须在上次总结的基础上进行。

第四,教学计划要有创造性。在科学飞速发展的今天,为了发挥计划的指导作用,特色学校教学要不断改革,教学计划必须不断创新,提倡和支持在教学上进行改革和科学实验。

第五,教学工作计划的任务要明确、措施要具体。每项任务什么时候完成、怎样完成、完成的标准是什么,由谁负责,都要落实,都要有执行和检查的具体措施。这样才能提高工作效率,达到预期的目标。

总之,制订教学工作计划要在原有的基础上有所创新与发展,要鼓舞特色学校全体成员经过努力达到目标。奋斗目标、措施要安排得具体明确,切实可行。

(二)教学计划管理的概述

1. 教学计划管理的含义

所谓教学计划管理,包含两方面的意义。一是用计划管理教学工作。教学计划管理是有整体计划的,靠计划去组织、安排、实施教学工作;各个部门也有计划,通过对这些计划的制订、指导与监督去管理教学。计划管理的第二个含义是,把各方面的计划都管起来,并进行考查、监督,从而掌握教学工作的进展。将这两个含义结合起来,既通过计划去管理,又对各计划进行管理,就构成了较完善的计划管理体系。

2. 教学计划管理的要素

教学计划是国家教育主管部门制定的有关教育和教学工作的指导性文件,它体现了国家对学校教学工作的统一要求,是学校组织教育教学活动的重要依据。对教学计划进行管理,就是通过对未来教学工作和活动的设计,控制和指导整个教学过程,从而使教学活动处于最佳状态,并取得最好的教学效果。实施教学计划管理,国家教育主管部门要负责制订课程计划、编制教学大纲、组织编写教科书等;而在特色学校建设中,则主要依靠校长、教导主任和教师来具体落实有关教学计划管理工作。

对校长而言,要开展教学计划管理,首先要熟悉有关的教学大纲,根据国家统一制订的课程计划,对全校教学工作进行计划指导;其次,也可考虑在国家规定的课程计划范围内,结合学校的实际情况,制定出更明确具体的学校教学目标体系,从而使宏观层面的国家教学大纲与微观层面的特色学校教学计划有机地结合起来。

教导主任是校长和教师之间的桥梁,要协助校长管理全校的教学工作,同时又要直接领导各教研组的教学活动。教导主任应熟悉教学大纲,掌握各学科贯彻执行教学大纲和教学计划的具体要求,并对教研组工作进行指导。为组织好教学计划管理工作,一般来说,教导主任应要求各教研组制订出每学年、每学期的教学研究计划,计划中应包括教学研究的基本精神、主要项目、基本要求、时间、地点、工作负责人等内容。

教师是教学过程中的主导力量，对教学过程进行计划管理，还应该对教师工作计划的制订与实施情况进行管理。教师要依据教学大纲和教材内容，了解学生的学习基础，制订课程教学计划，并在教学内容和教学方法等方面多加钻研。对学生，教师要指导他们制订一学期或一学年的学习计划，做到有计划、有步骤地提高学生的自学能力，使其掌握和改进自学方法。此外，预先拟定好考核学生成绩的标准，进行实事求是的评价，也是教师工作计划的重要组成部分。

总之，对特色学校来说，实施教学计划管理，就是在国家规定的教学大纲和课程计划范围内，通过校长、教导主任和全体教师的辛勤努力，根据各科教学计划将特色的教学课程在学校教学活动中具体组织、落实并不断完善的过程。

3. 教学计划管理的实施

教学计划管理的实施主要包括教学行政管理和编制教学大纲。

教学行政管理就是通常所说的教务管理，是教学计划实施过程中的常规教学管理。其任务是科学、有效、高质量地组织教学过程，包括教学运行管理、教务例行管理和教学档案管理。

教学运行管理主要包括校历的制定、课程的编排和执行，关键环节是制订开课计划，将教学任务落实到教师及有关人员。

教务例行管理主要包括学生学习管理和教学过程管理。前者包括制定学生学习规章制度、编制学生手册、学生选课系统的建设、指导学生选课、组织各种考试、实施监考等，后者包括编制课程一览表、制订和组织落实学期的各项教学计划、全面检查教学情况和教学质量、组织观摩教学、总结交流教学经验、评选并表彰教学优秀者等。

教学档案管理主要是指教学档案资料的收集和管理、教务数据统计管理和学生学籍管理。

二、教学组织管理

（一）课堂教学组织的类型

1. 管理性组织

管理性组织是进行课堂纪律管理的一种形式，其作用是使教学能在一种有秩序的环境中进行。对课堂纪律的衡量标准,过去和现在有着不同的看法。现在,人们主张课堂不能像过去那样令人感到压抑,教师不是绝对的主导者,要充分发挥学生学习的积极性和主动性。课堂是学习的场所,要有纪律作为保障。因此,教师在进行特色课堂管理组织的时候,既要不断地启发诱导,又要不断地纠正某些学生的不良行为,保证特色课堂教学顺利进行。

(1)课堂秩序的管理

教师必须从关心、爱护学生的角度出发,了解他们的问题,倾听他们的心声,和他们交朋友,然后用课堂纪律约束他们。只有这样,他们才能心悦诚服地听从教师的指导。教师可以用暗示的方法处理一般课堂秩序问题,如用目光暗示,或在暗示的同时配合语言提示。当个别学生注意力不集中而又没有影响到其他学生时,教师不宜公开批评学生。除了暗示以外,教师还可以采用课后谈话等方法解决问题。

(2)个别学生的管理

教师应创造一种互相信任、自然、亲切的气氛,在没有暴力、厌恶的情况下,对他们施加教育影响。对个别的问题学生,教师可以尝试使用以下方法:做出安排,使他们不能从不良行为中得到满足感,从而自行停止不良行为;奖励与不良行为相反的行为;教育与纪律约束相结合。

(3)非正式群体的管理

有一些学生会因为兴趣爱好相似而组成一个个小团体,这样的群体被称为"非正式群体"。有时候,非正式群体的行为与学校要求是不一致的,如果这样的群体中再出现几个"不服管教"的学生,就会非常难以管理,课堂教学便不能顺利进行。对这样的情况,任课教师应与班主任积极配合,共同努力纠正他们的行为。一方面,全面了解这些学生的情况,耐心地做好他们的思想工作,避免一味简单粗暴地批评;另一方面,根据他们的兴趣、爱好、特长,给他们布置一定量的任务,让其完成,再给予一定的指导,保证任务顺利完成,让他们感受成功,从而逐步改正不足。

2. 诱导性组织

诱导性组织是指在教学过程中,教师用充满感情、亲切、热情的语言引导、鼓励学生参与教学过程,用生动有趣、富有启发性的语言引导学生积极思考,从而使学生顺利完成任务。诱导性组织的方法有下面两种。

（1）亲切热情的鼓励

这样的组织方式，既适用于好学生，也适用于成绩较差或不善于表达的学生。在教师亲切热情的引导下，学生会乐于接受教师的指导，从而顺利地完成学习任务。

（2）设疑点、善激发

激发学生产生疑问，勾起其学习的欲望，是调动学生学习积极性、使其深入思考问题的好办法。首先，教师要善于提出问题，特别是在讲解一些重要内容且学生又理解不深时，更要鼓励学生学会探究问题。当学生的积极性被调动起来之后，紧接着就要使学生学会思考，学会运用理论，运用科学的思维方法去求得问题的解决方法。

（二）课堂教学组织管理的环境

1. 备课

备课是指教师根据课程标准的要求和本门课程的特点，结合学生的具体情况，选择最适合的表达方法和顺序，以保证学生能够有效学习。

教师备课一般要做好下列工作。

第一，备教材。它包括研究课程标准、钻研教科书、研究相关的教学材料。

第二，备学生。要了解本班学生的特点，如知识基础、学习能力、个性特点和身体状况等；了解学生的认知特点、学习方式等；了解本班的学风、班风，重点掌握学习好的和学习差的学生的情况，做到心中有数。

第三，备目标。对备教学目标的具体要求是：教学目标不能用来表示教师的教学程序式活动安排。教学具体目标应包括行为、行为发生的条件和行为接受的标准。不要用抽象模糊的词语陈述教学目标，如"理解""欣赏""培养""体会"等。

2. 上课

上课就是通过教师对课堂教学活动本身的导入、课中和结束过程的不断调整和控制，顺利实施教学设计方案，以达到预期的教学目标。在课中环节，教师主要可以采取下几种教学策略。

（1）问题教学策略

教师在教学中提出问题是一项基本的教学策略。编制有效的问题，可以从下列几个方面考虑：提出"假设"的问题，要求学生对一个假设的事物进行思考；提出"比较"的问题，对资料、观点、答案，就其特征或关系比较异同；提出"可能"的问题，要求学生通过联想推测事物的可能的发展趋势；提出"整合"的问题，提供给学生多种资料、观点、原理，让学生挖掘出新的观点；提出"类推"的问题，引导学生由已知原理、观点推出未知的原理、观点。

（2）发散、集中教学策略

学生针对问题发表自己的看法，学生间进行讨论，然后教师和学生一起对这些看法进行比较、优选，集中选出到最佳答案。运用该策略要找准发散点，给学生留出充足的时间进行发散与集中思考。

（3）练习策略

练习是课堂教学的重要环节，教师可以结合课堂教学过程中的提问效果，随机让学生进行口头上或书面上等多种形式的练习，从而达到启迪、反馈、巩固、迁移的目的。

教师在使用练习策略时要注意以下几点：根据练习的目的与功能，选择练习的时机与形式，教会学生练习。在练习过程中，教师要注意对学生进行指导，教给他们各种练习方法，使其学会练习。练习要适量适度，循序渐进。

3. 布置、检查课外作业

课外作业是课堂教学的延续，是教学活动的有机组成部分。布置作业的目的在于让学生巩固、消化课堂上所学的知识，培养学生的学习能力，训练学生独立思考的能力。

布置课外作业时应注意下列几点：作业内容应符合学科课程标准规定的范围和深度，有助于学生掌握"双基（教学内容中的基础知识、基本技能）"，选题要有代表性，难度要适中。作业应与教科书的内容有逻辑联系，但不应是对教科书中例题或材料的照抄照搬。作业要具有典型意义和举一反三的作用。作业应有助于启发学生思维，含有鼓励学生独立探索并进行创造性思维的因素。教师可以根据学生的学习能力，给优生和后进生分别布置分量、难度各异的作业，并给予学生必要的指导、提示或帮助。

4. 学业成绩的检查与评定

学业成绩的检查与评定应从两个方面入手。一是检查与评定学生的学习效果，可以通过日常观察分析、检查作业及各种测验来进行。二是分析评价教师上课的效果，可根据上好一堂课的要求，确定其评估指标。

检查、批改学生的课外作业时应注意以下几点：

首先，按时检查，帮助学生养成按时完成作业的习惯。

其次，认真批改，帮助学生发现自己在知识、技能等方面存在的错误和缺陷。

再次，仔细评定，作业一般应有成绩并尽可能写上简短的评语，对学生学习提出明确的要求，指出其未来的发展方向。

最后，应及时将作业情况反馈给学生，强化学生对知识的正确理解和运用，纠正学生的错误并指出其原因。

第三节　特色学校教学质量管理

教学质量管理是对特色学校教学工作进行评价的重要环节，该指导思想对教学质量管理工作的实施有思想上的保障作用。

一、教学质量管理的含义与特点

（一）教学质量管理的含义

教学质量是衡量学校教学工作优劣的主要标志，教学工作的质量管理是教学管理的主要任务。特色学校教学质量管理是一个比较复杂的问题，目前教育界尚未对其总结出一致认可的定义。

编者将教学质量管理的内涵理解为：管理者根据一定的教育教学目的和教学质量标准，采用科学的管理理论、手段和方法，从分析影响教学质量的多种因素入手，对教学、管理和服务等各个方面的工作及其过程进行有效的质量控制，形成较为完善的教学质量检查、评价、监控与反馈体系，以保证教学任务的顺利完成和教学质量的全面提高。

（二）教学质量管理的特点

1. 管理过程的长期性

"十年树木，百年树人。"人才培养是一个长期过程，必须是长期进行教育、熏陶、监控和管理的结果。因此，教学质量管理也具有长期性的特点。

2. 管理效果的迟滞性

在学校教学质量管理实施的过程中，其效果在短期内很难显现，尤其是思想、文化价值观等方面的效果，往往几年甚至几十年后才显现出来。因此，学校需要充分认识这一特点，坚持长期的、科学的、规范化的教学质量监控与管理。

3. 管理对象的学术性

学校教学是国家为培养高层次人才而实施的教学，因此它具有很高的学术性。其学术性表现主要体现在以下几个方面：一是管理对象和教学要素具有强烈的学术性，包括教师（教授、专家）学术、学生学术、课程与教学学术；二是教学与国内外学术界进行学术交流的过程具有学术性；三是教学质量管理本身具有较强的学术性。这些表现共同构成了教学的学术性，从而使得教学质量管理对象具有了学术性的特点。

4. 管理内容的专业性

大学本科阶段的教学质量管理需要由相关专业人员实施，管理内容具有一定的专业性。而中小学阶段的教育趋于综合化，尚未划分专业界限，教学质量管理便也趋于综合化。

三、教学质量管理的方法

（一）建立教学质量保障体系

1. 教学质量组织管理保障系统

教学质量组织管理保障系统一般以校长为第一责任人，由"教学处—教研监控中心—教研组—年级组"构成层级管理系统，进而构成学校组织管理保障系统。组织管理保障是落实特色学校教学质量保障的重要环节。组织管理保障系统的建立，使特色学校管理系统化，也使重大决策通过这一系统能够有效地贯彻实施。组织管理保障需要管理者对教学要素的组成十分清楚，教学要素管理主要通过"计划决策—组织实施—检查指导"来实现。

2. 教学质量保障决策系统

教学质量决策保障任务一般由校长办公会议承担，其主要职责是周期性地审议特色学校教学质量目标方案的落实情况。此外，决策系统在决策过程中需要科学理论和科学技术方法的支持，研究如何调动教职员工的积极性、创造性，从而使教职员工高效地完成决策指挥系统的决策目标。

保障决策系统要对教学质量负全责，注重教学质量目标的制定、实施的过程及结果；要对教师的需求做出正确的分析，并根据分析的情况给予决策保障。保障决策系统通过对学校生源输入质量的定量与定性分析，对学校的教学质量目标进行定位，为教师提供质量加工的基本标准。再通过对"教"与"学"过程质量的追踪监控，对教师教学再加工能力进行较为科学的分析，为教学质量过程评价提供决策支持。决策来自对教学质量过程的监测，并能够指导相关人员及时纠正和调整监测过程中出现的质量偏差。

3. 教学质量保证监控系统

教学管理的标准化、规范化、现代化、科学化属于常规管理的范畴。为加强特色学校课堂教学的评价与管理工作，学校要成立教学质量监控中心。教学质量监控中心由校长亲自领导，其成员由教研组长及骨干教师组成，人数以十三人至十五人为宜。教学质量监控中心具有指导、研究、参谋、视导、评价等功能。主要职责为评价与诊断职责、督导与监控职责、指导与研究职责、听课与评课职责。教学质量监控中心可以组织全校教学研究活动，并对教学研究活动进行全面的质量评估。

4. 教学质量信息收集系统

教学质量信息收集系统有两个子系统：一是由教导处设立的专门负责对教学质量的资料进行分析收集和整理的系统；二是由教研中心设立的专门负责对教学质量评价、监控质量的信息进行归纳整理的系统。对特色学校管理者来说，掌握学校的质量信息是十分重要的，他们可以利用信息的属性增强领导的效能。一方面，利用信息的共享性、无限性、开放性、时效性、有序性、转化性的特点，可以追求信息的共享，利用共享信息进行再创造，充分利用信息的有效性提高教学管理效率；另一方面，利用信息的转化性特点，做好课堂质量的监控，达到提高教学质量的目的。

5. 教育质量信息反馈控制系统

信息反馈控制系统也有两个子系统：一是由学校教学副校长牵头，教学主任、各年级组教研组长组成的信息反馈控制系统，其主要职责是综合有关方面的建议（主要是来自学生对教学质量评价的信息反馈），提出改进意见和措施；二是由教研中心成员构成的信息反馈控制系统，主要对课堂教学质量进行监测，及时反馈监测结果等信息。在领导控制的基本方法中，有一种"黑箱"方法，即"只管两头，不管中间"。黑箱方法与信息反馈的方法是两种行之有效的管理方法。在特色学校管理中，利用反馈方法是有效实行管理控制的重要手段之一。所谓反馈，是指系统的输出信息传送到输入端并与输入信息进行比较，并用两者的偏差进行控制的过程和方法，是一种保持运行组织稳定、跟踪控制目标及干扰因素的方法，包括正反馈与负反馈。这种反馈的方法，在教学管理中运用得最为普遍。它能够通过对教学质量数据信息的定性与定量分析，总结出"教"与"学"的问题，进而设计一种反馈机制，使教师纠正"教学"中的偏差，有效地完成目标。

（二）加强教学质量监控

1. 对特色学校创新型人才培养目标的监控

重点突出专业性与创新性，培养具有创新性和创业综合能力的可持续发展的高素质人才；以创业意识、创业心理品质、创业知识、创业能力培养为主线，建立"产学研"结合紧密、校企双向介入、共同育人的创业人才培养模式；结合区域经济特色，考虑当地经济发展需要，制订科学完整的、紧密结合专业特色的创业人才培养方案和毕业生质量标准。

2. 对创新创业教学课程体系与教学内容的监控

对创新创业教学的课程体系与教学内容，主要监控其是否符合培养目标。

对课程体系的监控，主要包括对课程结构、教学计划、教学进度、课程标准和教材的监控。对课程结构，主要监控创新创业教育课程是否采取必修课与选修课相结合，显性课程与隐性课程相结合，学科课程与活动课程、实践课程互动的多元形式；对教学计划，主要监控其内容是否与学生的知识和能力的培养目标相符；对教学进度，主要监控其是否与专业课程教学进程一致；对课程标准，主要监控其是否与教学计划一致；对教材，主要监控其时效性、针对性以及应用性，同时要严格监控教材规格。

对教学内容，主要监控其是否与教学培养目标、课程标准、教学计划相符，制定的课程标准是否与国家要求相符，是否能满足地方经济社会发展的现实需要，是否符合人才培养质量的各项指标要求。

3. 对特色学校教学资源的监控

教学资源包括软件资源和硬件资源，对创新创业人才的培养具有保障功能，是质量监控中的重要一环，其中包括资金保障、师资队伍和实训基地建设等。

资金保障就是经费投入要稳定且足够使用，这是特色学校开展教育教学的基础性条件。学校尤其是大学的经费来源主要包括中央财政、地方财政的专项和生均经费，学校自筹经费和社会资助。对经费的监控，主要是指对总经费、年生均经费与标准经费的比较，包括与本校上一年的纵向比较和与本区其他院校的横向比较。

师资队伍是保障特色学校教育教学质量的重要条件。师资队伍的监控指标主要是学历、数量、经验、结构等因素。学校尤其是大学的师资队伍主要强调双师型师资队伍。教师素质主要是指教师创新性教学能力、教师的创业指导能力、教师的科研成果与创业实践衔接能力、教师捕捉创业信息能力等。

特色学校教育教学实训基地建设的内容主要包括具有真实工作环境的校内实践基地的数量与建筑面积，校内实践基地的利用率，校外实训基地的数目、建设水平和利用率，科技园、孵化器等提供的服务能力等。

4. 教学运行质量监控目标

特色学校的教学过程一般都由理论和实践两个部分有机组成，教育教学活动质量监控的形式基本上按照教学的基本规律，在理论和实践两个层面开展质量监控行为。理论层面包括课堂教学的系列环节，强调课堂教学的效果；在实践层面，主要是组织学生开展创业活动或在实训室（实验室）中开展创业行为的质量检测等。

（三）保证教学质量评估的有效性

教学质量评估是教学管理的一个重要途径。它具有导向、诊断、监督与激励的功能。通过教学质量评估，可以及时发现问题、诊断问题，改进教学工作；可以促进各个教学环节质量标准的执行，提高教学管理的科学化水平，推动教学改革的不断深化和教学质量的提高。教学质量评估是一个科学性、规范性、程序性都很强的复杂系统，它包括教师教学质量评价、学生学业成绩评价、院系教学水平评估、课程评估、专业评估、实验室评估、教研室评估以及考试考核、评教评学、专项评估等一系列内容。由于有关教育教学评估方面的著作已有很多，所以下面仅对考试考核、评教评学、专项评估这三方面内容进行探讨。

1. 考试考核

考试是了解学生理论知识学习成果和基本技能掌握情况的主要方式，是全面检查教与学两方面质量的重要环节，对考试结果的统计分析和信息反馈、利用也是持续改进教学的依据。对考试质量的监控，应把重点放在提高全体师生对考试工作的认识水平、加大宣传力度、改革考试方法、实行教考分离制度、狠抓考风考纪等方面。

考核是指对教师的教学质量、学生的学习质量、教学管理人员的管理与服务质量及其工作业绩等进行年度考核和聘期考核，并根据考核结果进行相应的奖励和处罚。例如，对教师教学质量的考核，要看教师教学思想的先进性、教案等教学文件的完备程度、课堂教学质量和实践教学指导效果、教书育人的态度、教学工作量、教学改革的措施及成果等方面的内容。

2. 评教评学

特色学校要通过各级领导听课、教学观摩、同行互评、学生评教、教师评学等方式，建立校、院（系）两级评教评学体系。其中，要重点抓好学生评教工作，因为学生是教育教学服务的"第一消费者"，他们对学校的教学质量最看重，而且他们与任课教师的接触最直接，对教学过程的体会最深刻，对教师的评价具有一定的客观性和权威性。通过学生评教活动，可以充分发挥学生的主体作用，建立师生间的联系与沟通渠道，帮助教师及时了解自己在教学工作中的优缺点，促进教师增强责任心，充实和更新教学内容，改进教学方法，创新教学手段，提高教学质量，从而让学生满意。

要做好学生评教工作，特色学校必须充分利用互联网直观、快捷、互动性强和操作方便的优势，建立教学质量网络监控平台和网上评教系统。学生通过网上评教系统对本学期各门课程的授课教师进行评分，并提出意见。学生评教结果的统计、汇总、分析和反馈都可以通过网络实现，从而增强学生评教工作的准确性和时效性。

3. 专项评估

教学质量专项评估是全面了解某方面教学活动及其效果的重要途径。其主要内容有教学计划评估、教师教学质量评估、学生学习质量评估、院（系）教学工作水平和教学管理水平评估、品牌专业和新建专业评估、优秀（精品）课程评估、教材质量评估、实验室评估、实习基地评估、教研室评估、毕业论文（设计）评估、教学名师评选、优秀教学成果奖评选、拔尖创新人才评选、毕业生质量评估等。这些评估既有单项评估，也有综合评估，但都要根据不同的评估对象和评估目标，设计科学的评价指标体系。

要搞好教学质量评估，必须注意以下几点：① 要加强对评估工作的组织领导。规模较大的高校可以设立专门的教学评估机构，如教学评估中心，并根据不同的评估需要，成立相应的评估领导小组或评估工作小组。② 要做到评估主体多元化。参加教学质量评估的人员包括各级领导、教学质量管理部门人员、教学督导专家、同行教师、学生甚至校外专家和社会力量等，他们能从不同视角对教学质量进行多方位、多层次的综合评价。这样才能保证评价结果的客观性和公正性。③ 评估结果一定要及时反馈被评估对象并根据评估结果对其进行合理的奖罚。单位教学工作的评估结果要与单位（院系）领导的任期考核和单位教学经费投入挂钩，教师教学质量考评结果要与教师的职务评聘、年度考核、评奖评优、岗位津贴挂钩。对教学评价，特别是网上评教结果排在末位的教师，各院系要安排他们停课进修，再次考评排名末位者或对其实行转岗或分流。④ 要不断完善评估方法和手段。对教学质量的评估，要采取定性与定量相结合、终结性评估与过程性评估相结合、自评与他评相结合的方法，并注意借助信息与网络技术，建立适时、动态的评估系统，提高评估的效率。

第五章　特色学校校长管理智慧

第一节　特色学校校长领导力的相关理论

一、校长领导力的概念

校长领导力与校长权力不同,校长权力带有政治性和强制性。在一定程度上,它能为领导力的发挥提供便利,可以通过命令和要求使校内人员服从并履行职责或完成某项相关任务。

校长领导力是校长在领导学校不断确立目标、实现目标的过程中展现出的综合实力,它不仅包括校长影响力和引导力,还包括校长在与全体师生员工相互作用及内外发展环境变化的过程中,及时做出的适应和调整。校长领导力是引领学校员工制定学校发展目标并引领其与学校利益相关者实现预定目标的过程中体现出来的影响力。

校长领导力按领导力的对象与方式可分为五个层次:教育领导力、人际领导力、文化领导力、技术领导力和象征领导力。

教育领导力,是校长综合领导力的集中体现。在教学活动实施过程中,校长鼓励教师提高教学能力，诊断教育中存在的问题，在思想、知识和技能方面为教师开展教学活动提供具体专业的指导意见。

人际领导力，是指校长支持其追随者，鼓励和帮助他们合作和参与，提高其责任感和满足感，通过这种正面的人际关系鼓励，恰当并适度地驾驭人际资源的能力。

文化领导力，是校长通过仪式、活动和思想动员，建立影响个人或团队的学校文化，并对校园文化不断进行传播的能力。

技术领导力和象征领导力的内涵指的是校长在深思熟虑后，确定特色学校发展的明确目标，为成员提供技术支持，并为实现目标而实施各项计划和政策，是校长通过多种方式和途径，对学校管理工作进行平衡、协调，尽可能地寻求双赢及合作的解决办法。

编者在本书中将学校校长领导力概括为综合办学治校能力，是权力、能力以及影响力的统一体，也是各种因素相互作用下多种能力的集合，它以全体师生员工及学校的利益为指向，通过与各教育相关人员相互作用，推动特色学校实现自己的发展目标。校长领导力是否能够得到有效发挥，主要看校长的特色办学理念及其思维与行为方式，是否能够客观、正确地反映他对教育的理解和对教育及学校发展规律的扎实把握，从而使其能够更好地开发、整合和利用校内外各类资源，激励学校教职员工齐心协力，推动特色学校朝着积极健康的预期目标发展。

二、提升校长领导力的重要意义

随着教育综合改革的不断深入，校长的领导力对特色学校管理水平、教育质量以及特色学校未来的生存与发展具有决定性的影响。创建特色学校是我国基础教育改革与发展的重要策略，而提高教育质量的核心因素就在于校长领导力的提升，使校长能够统领学校工作全局，引领特色学校的变革和发展。在素质教育新时期，教育理念发生了深刻的变革，学校教育已由传统的以成绩为核心向注重素质和能力培养转化，这对现代特色学校教育管理模式提出了新的要求。进一步提高校长的领导力和领导素质，既是校长的个体需求，也是基础教育变革中促进特色学校内涵建设、提升办学水平和办学效益的迫切要求。特色学校校长要能够顺应教育规律，主动回应时代召唤，把办学工作建立在与社会生活息息相通的基础上，使所办学校具有鲜明特色，能够引领师生共同向前。

（一）符合当前和未来基础教育的发展大势

21世纪以来，全球已进入信息时代，人工智能技术快速发展，人才资源成为第一资源，教育投入力度持续加大。新的时代节点催生新的教育，需要领导者开启新的定位、谋划新的发展。制定校长任职资格标准，促进校长专业化，提高校长的管理水平，提升校长的领导力，有利于促进特色学校校长专业化发展，对建设高素质特色学校校长队伍具有重要的助推作用。同时，校长领导力提升也意味着其标准化层面的提高，这是培养未来社会需要的创新人才的前提，也为培养中国特色社会主义的建设者和可靠接班人打下了坚实的发展基础。

（二）推动特色学校教育发展的核心要素

从世界范围来看，确立特色学校教育理念、提升校长领导力，是特色学校教育教学高质量可持续发展的首要条件。不同时期对教育的要求和需求都不尽相同，时代在发展，教育也要与时俱进，有必要重新审视教育的观念和认知。特色学校教育具有民主化、终身化、个性化和科学技术化等特征，它具有很强的开放性、超前性和独立性。

学校教育特色化在教育现代化中处于主体地位，它是一切教育的基础，在一定程度上决定着一个国家的实际教育水平。特色学校的发展离不开校长科学的教育理念和优质的精细化管理。要推动特色学校教育内涵发展，需要进一步提高校长的专业化程度、驾驭能力和应变能力，使其在学校领导管理的实践活动开展过程中，不断更新专业知识、加强品德修养、提高领导艺术等；需要校长头脑灵活、眼光长远，对教育前沿具有前瞻性的掌控力，在关键时刻做出科学的决策、统筹协调指导，进行合理的控制与监督、科学的总结评价及给予适当的教育激励等，以坚定正确的政治方向为舵，在创新思想中把握和适应特色学校办学规律；能够在充分利用自身专业化知识架构的基础上，团结务实、扎实进取，以超强的责任感和使命感，发挥校长的领导魅力，在继承和创新中始终坚持严谨的科学态度，勇于探索和实践，解决新形势下存在的资源紧缺等多种问题，不断提高校长应具备的特色化、高素质、专业化、高水平的全面领导力，促进学校高质量发展，办好令人民满意的教育。

（三）教育改革发展的强大动力

要做好当前和今后一个时期的教育工作，必须坚持党对教育事业的全面领导，坚持深化教育改革创新。教育要有新作为，就意味着既要关注教育的未来，也要关注时代的未来。这是推动基础教育内部变革与特色化的思想基础。特色学校校长要有开阔的视野、开放的格局，用战略性眼光把握全局，精准定位基础教育坐标，主动承担起发展优质教育和公平教育的时代责任。

当前我国教育领域面临着深刻变革，这是一个循序渐进的过程，校长是这场变革的实践者和执行者。提高校长的领导力，使学校建设主动与时代教育改革相呼应，需要校长对自身的原有的思维方式、行为方式和理念习惯进行迅速调整和转变。校长只有不断更新教育理念，追踪教育前沿，跟上教育发展进程，创新教育实践，带领特色学校适应教育环境变化，挖掘和发挥特色学校在变革中的组织优势，并在变革中确定正确的特色发展目标，才能探寻和摸索出符合特色学校自身发展规律的特色学校发展道路，引领和推动教育改革快速发展。

三、校长领导力的理论依据

（一）领导特质理论

领导特质理论也称素质理论、品质理论、性格理论，是指从领导者个人的生理结构、个性特征、行为动机以及和社会环境的互动等方面入手，试图寻找和归纳出领导者的特有品质或应有品质的理论。这种理论着重研究领导者的品质和特性，是研究整个领导领域的开端。

1. 人格特质

人格特质是指个人在行为方式中表现出来的独特的个人特征。人格是内在心理系统中的动力组织，它决定一个人独有的行为和思想，而特质说明了人类行为的恒常性。人格不仅影响行为，也影响人的感知和态度，个人特质决定和影响人的行为决策。了解人格特征可以帮助解释和预测他人的行为以及工作绩效。美国人格心理学家高尔顿·奥尔波特把人格特质定义为具有使许多刺激在机能上等同的能力，具有诱发和指导顺应与表达性行为的等同（意义上始终一致）形式的一种神经生理结构。

2. 动机特质

动机是一组源自个体内外、激发个体与工作相关的行为，并决定其行为方式、方向、强度和持续时间的积极力量。一个基本的假设是，动机因素在解释行为选择与其成功程度方面发挥着重要作用。一般而言，动机强度高的领导者在工作上似乎比那些期望小、目标低以及自我效能有限的领导者更有效率。动机特质和工作的相关性最大，校长动机的强度直接关乎校长自身对领导情境的操控，对特色学校管理效率也会产生相应的影响。

3. 技能特质

技能意味着领导者拥有专门的知识，对专门领域内工作的属性、程序及规律有自己的见解，并且有完成某种任务的能力。校长必须具有的技能包括对教学专业知识的学习能力、人际关系的理解能力和理论认知能力。专业知识的学习对获取新的信息以及对校长理念的更新有很大帮助，在时代变革加速、信息化程度加深的社会背景下，校长对新知识的学习更要重视。人际关系的理解能力包括对他人情感和态度的理解，懂得如何与他人个别交往和集体合作。理论认知能力包括形成理论的能力和用理论知识开展工作的能力，集中表现为分析、演绎和归纳推理的能力。

4. 领导特质理论的借鉴意义

领导特质理论为组织机构选拔领导者提供了一定的参考依据，有助于提升组织效率。领导特质理论认为，对处在组织管理层的领导者而言，发挥领导者个人的领导才能有助于整个组织机构更好、更出色地完成组织任务。在选拔优秀领导者的过程中，人们会利用领导理论的研究成果来权衡是否进行人员任命，并利用人格测量量表来估算领导者的领导潜质。在组织发展中，也可以有针对性地对组织内部成员给予相应的培训，以培养能胜任的领导者。

组织成员可以参照领导特质理论的研究成果来提升自身的领导力。管理者通过对比分析，能清楚地了解自己的优点或者不足，并积极学习，努力提高自身的领导素养。组织内的其他个人也可以通过参照相关的研究成果，确立自身改进的策略，并谋求更好的发展。

（二）领导风格与行为理论

领导特质理论揭示出领导者应具备的特质越来越多，然而人们发现越来越多的例外情况不断出现。如一些颇为成功的领导者并不具备特质理论提及的某些特质，有些领导者虽然具备了特质理论提及的那些特质，但依然不能成为成功的领导者。因此，人们开始研究领导风格与行为的相关理论。

关于领导风格的划分，学术界的意见并不统一，编者概括了五种类型：一是独裁型领导。这种领导以自我为中心，自己做所有的决定。二是参与型独裁领导。这种领导意识到自己做不了所有的事，所以就寻求帮助，决定仍然是他们自己的，但试图让别人接受自己的观点。三是部分民主型领导。这种领导让别人参与决策甚至是计划、策略的制定，但最终还是自己说了算。四是完全民主型领导。这种领导充分信任团队，从下至上、与团队一起做决定。五是假装民主型领导。这种领导自己不做任何决定，没有具体的标准方向和质量，把所有决定的责任推给别人。

领导行为是指领导者在领导过程的不同阶段中因情境和任务需要会表现出的不同领导行为。领导行为可分为任务导向行为和关系导向行为。其中，任务导向行为的主要作用是能够促进目标的获取，关系导向行为的主要作用是能够使员工感觉舒适、相处融洽，同时也满足于自己所处的环境和位置。

基于任务导向的行为是指领导者清楚地说明个人或组织的责任。这种行为包括告诉对方你是谁（角色定位）、该做什么、什么时间做、在哪里做，以及如何做。从领导者到被领导者的单向沟通是该行为的典型特征。

基于关系导向的行为是领导者满足被领导者心理需求的领导行为，包括倾听、鼓励、表彰、表现信任、提升参与感、建立亲和关系和归属感等。领导者与被领导者进行双向或者多向沟通，是关系行为的主要特征。比如一个教师连续加班，产生了严重的焦虑感，同时在工作中开始频繁出现失误。那么，他的领导将注意力放在失误上还是放在体贴关怀上，对这位员工的影响是不一样的。假如领导找时间与这位教师聊聊天，倾听他当下的感受，并对他工作中的闪光点多给予肯定和认可，暂时不去谈论他的失误，这就表现出了"领导者的关系行为"。这样更有利于教师保持工作热情，进而提高教师的工作效率。

基于关系导向的行为反映在人际活动的管理工作中，由此发展出领导者角色理论。有研究将领导角色分成十种，包括：首脑（组织的象征和代表）与领导者（与下属共同管理、发展、决策）；联络者（建立信息沟通的网络）、监督者、传播者（交换事实和价值信息，发放通知，组织会议讨论现有或未来的项目）、发言人（学校对外的宣传、报告、交流等）、企业家（设计组织的创始结构和改革，时间的分配和引进新的技术）、干扰处理者（处理组织中发生的各种问题与干扰）、资源的分配者（控制人员、资金、材料和时刻表，做出重要的决定和财政的支出）与谈判者（参与工作和人员的谈判、交涉和赔偿）。

上述五种领导风格、两种导向、十种角色的领导行为使得领导理论的研究不再局限于领导者的个性特质，而拓展到领导的行为和行为方式上。对领导行为和领导风格的研究，大大拓宽了领导力理论的研究范围。它的重要性体现在对领导力的研究开始注重领导效能和实际效果，意识到领导能力并不能直接转化为领导效力。此外，对领导角色的理解与定位也丰富了领导力的研究内涵。

第二节　特色学校校长的管理智慧

一、有效沟通

沟通是人际关系维持互动和发展的基本手段，管理者与被管理者之间的有效沟通是管理艺术的精髓。无论是计划的制订、工作的组织、优秀团队的组建、部门间的协调，还是学校和社会的密切联系、筹集社会资源等，这一切都需要校长从加强沟通入手。良好的沟通不仅能交换信息，还能产生创新的效果。

（一）沟通对校长的重要作用

1. 沟通是实现特色学校目标的需要

为了实现特色学校的发展目标，各部门、各成员间必须密切配合与协调，这就需要校长引领学校建立起良好的沟通机制。各部门、各成员应彼此了解、互相协作，在良好的沟通中共同完成学校的使命及目标。可以说，沟通是实现学校目标的有效方式。

2. 沟通是激励的需要

教师并非仅仅为了物质的需求而工作，还有诸如成就感、归属感、荣誉感及参与感等精神层面的需要。要使教职工真正感觉到学校是"自己"的学校，关键在于学校对教师意见的尊重。良好的沟通能减少团队内的冲突与摩擦，促进教师与管理层加深对彼此的了解，减少重复工作，从而避免人力、物力、财力以及时间上的浪费。

3. 沟通是科学决策的需要

在信息经济时代，组织内外部环境的变化日益复杂和加快，特色学校必然要在更大背景、更快速的环境变化中和更加激烈复杂的竞争态势下生存发展。校长不能只凭借自身的力量和信息渠道获得决策所需的信息，要想适应瞬息万变的环境和纷繁复杂的大千世界，就要凭借沟通获取决策所需的信息，进行智力资源的整合。

4. 沟通是学校与外部环境建立联系的桥梁

学校是一个开放的系统，必然要和社会各界等发生联系，特色学校也不例外。这就要求特色学校必须与外部环境进行有效的沟通，通过沟通来实现与外部环境的良性互动。校长在这种沟通中发挥着不可替代的作用。

（二）校长沟通的形式

1. 言语沟通

言语沟通包括演说、咨询、对话、讨论等，优点是直接、快速传递和反馈信息。如果接收者有疑问，可以迅速质疑，向发送者反馈要修正的信息。言语沟通分为正式场合和非正式场合。非正式场合下的言语沟通方便、效率高，校长在非正式场合中，可以随时随地与教职工交流，了解一线情况。在正式场合中，校长应采取演讲、讲话等方式，因为这是最能集中表现校长观点的沟通形式，也是校长进行思想教育、树立个人权威的重要途径。

校长演讲的技巧如下：① 演讲的语言要准确。只有准确的语言才能准确地阐述自己的观点、表达深刻的道理，才能使听者准确把握演讲者的意图。②

演讲的语言要通俗。话说得通俗一些不仅易于听众理解、记忆，还便于传播。③演讲语言要个性化，即用自己的语言讲出自己的思想感情、看法、观点等。④演讲者语言要形象化，多使用语言修辞。比喻是最常用的修辞手法，它可以使深奥的事物浅显易懂、妙趣横生，还可以调节演讲现场的气氛。排比的应用可以达到增强语言节奏感和语言气魄的效果。⑤恰当使用演讲动作。演讲动作也是演讲风格不可分割的一部分。成功的演讲者总是能够将演讲语言与演讲动作完美结合，演讲者在演讲中要恰当地使用演讲动作，使自己的语言形象化。

2. 书面沟通

书面沟通包括公文、信件、期刊、布告栏及其他传递书面文字符号的手段。其中，公文写作是校长书面沟通的主要形式之一。书面沟通一般用于较为正式、复杂的场合，优点在于持久、有形，可以核实。比如表扬便签、生日卡片、校长信箱、给教职工的公开信等。

3. 非语言沟通

非语言沟通包括身体语言（比如站立的方式、抱臂和皱眉的方式、目光交流、衣服款式颜色），辅助语言（声音质量、语速、语调、大笑、打呵欠等），空间关系（距离，如与他人保持的距离）和时间关系（考虑和确定的时间）。

电子媒介沟通，如手机、电子邮件、传真、电子办公系统、MSN等。这些现代通信技术，可以使校长经济、及时地得到必要的信息，也可以迅速地解决距离上的障碍，即时进行信息传递。

（三）校长与各层级沟通的方法和技巧

1. 与上级领导的沟通

上级领导对校长的支持非常重要，若能得到上级部门领导的支持，校长工作可以达到"事半功倍"的效果。校长与上级领导的沟通原则是"敬上但不唯上"。敬重领导，服从上级的正确领导，切实履行上级交给的职责、任务，及时而又准确地汇报工作情况，听取上级意见。但敬上并不是唯上，"不唯上"是指不唯唯诺诺，不畏首畏尾，对领导有偏颇的甚至是错误的指示敢于反驳。

与上级领导有效沟通，对校长的益处有很多，概括起来有：①消除上级领导的误解，以免给自己和他人带来麻烦。②让自己的能力和努力得到上级肯定。③让自己有更快的发展速度和更大的发展空间。校长与上级领导经常进行富有艺术性的沟通，有助于建立一个融洽和谐的工作环境，这也是校长获得事业成功的必要条件。

2. 与教职工的沟通

校长与教师的沟通是一门艺术，也是特色学校管理工作的重要环节。校长要把学校管理好，应当在学习和掌握这门艺术上下功夫，在解决实际问题上见成效。

（1）确立沟通观念，自我提升

第一，校长必须避免以自己的职务、地位、身份为基础进行沟通，而应学会换位思考，适应他人的思维架构，体会他人的看法。校长只有体会到教师是如何看待事务、如何看待校长，以及如何衡量他们和校长之间的关系的，才能避免掉入"和自己说话"的陷阱。

第二，为了更好地与教师进行交流、沟通，校长应加强自身的素质修养，注意自己在教师心目中的形象，要用工作实绩赢得教师的尊敬和爱戴。这样，校长在与教师沟通交流时，才不会引起教师的反感，才会获得教师的信任，从而得到需要的信息，达到预期的目的。同时，校长应切忌任人唯亲，切忌以权谋私、把个人利益放在集体利益之上。否则，校长就难以与教师沟通，学校管理就难以形成合力。

（2）学会沟通，改进沟通的方式

首先，知识是沟通的基础。沟通是信息的发送和理解，如果缺乏理解信息必需的知识，那么沟通是无法进行的。其次，沟通的核心是系统思考，沟通者必须全面考虑沟通内容的特点、沟通双方的实际情况、沟通背景、沟通渠道等多种因素。在系统思考的基础上，掌握"发送技巧"和"接受技巧"，注重沟通的艺术和策略。

与中层领导沟通时，要真心实意地关心和尊重他们，注意倾听他们的声音。在和中层领导一起研究工作时，如果时间条件允许，就多听取他们的意见，鼓励他们说出自己的看法。在工作中，要奖惩分明，鼓励中层领导顾全大局，维护团结，同时严格要求自己，做好表率。对他们取得的成绩，校长要主动表示祝贺，对成绩突出者要及时给予表扬和奖励。

与年轻教师沟通时，校长首先要肯定其成绩和其在学校工作中发挥的重要作用，还要真诚地指出问题，指导他们在哪些方面如何做会更好，为其发展提供平等竞争的机会；愿意做他们的后盾和知心朋友，帮助他们解决生活实际困难。这样，年轻教师就会信心百倍，轻松愉快地投入工作中。

与老年教师沟通时，校长要从内心尊重老教师，言语要谦和，经常与其谈心，重大事情要先听其意见，让他们出主意。这样既能发挥老教师的作用，又能让他们体会到学校对他们的尊重。

3. 善于倾听

好的沟通者应懂得如何倾听。倾听绝不是出于礼貌才做的事。事实上，在沟通过程中，听众也必须负很大的责任。如果听众不感兴趣或者听不懂，说话者的情绪会受到影响，从而使沟通陷入僵局。

校长应努力做到有效倾听，全神贯注地倾听谈话内容，了解谈话主题，及时分析、证实、评估接收到的信息，做出适度的回应。倾听时，校长要时刻注意说话者的语调、语气和表情变化。如在倾听中有疑问，可以适时提问，要以理解、尊重的态度，认真、诚恳而准确地提出问题。如果要听教职员工解释什么，那么问题最好是开放式的；如果仅仅想知道对方的态度，那么可以用闭合式的问题进行提问，这样可以适当提高沟通效率。

4. 解决实际问题

校长应多关心教师的工作生活，多为教师办实事，让教师感受学校这个大家庭的温暖。这样，教师就会自觉或不自觉地融入这个大家庭，把自己与学校联系在一起。特别要注意的是，校长要想把特色学校的建设搞好，就千万不可忽略与老教师沟通这个环节，要多给他们送温暖。把此方面工作做好，不但能有效地发挥老教师的作用，而且还能影响、教育、感召中青年教师，让中青年教师看到自己的差距及今后努力的方向，这对推动学校今后的工作是极为有益的。

（四）与学生家长的沟通

面对来自不同行业的学生家长，实现校长与学生家长之间的良好沟通实属不易。与学生家长的沟通非常重要，因为这关系到校长对特色学校的有效管理。

1. 保持尊重

尊重别人是自尊的表现，也是得到别人尊重的前提。校长必须尊重学生家长，这是与家长沟通的前提。对教育过程中出现的分歧与矛盾，校长要先从自己身上找原因，还要客观地分析问题的症结所在，公正地评价学生的表现和家长的家庭教育，与家长共同研究解决问题的方法。校长不要当众责备他们的子女，更不能训斥、指责家长，不说侮辱学生家长人格的话，不做侮辱学生家长人格的事。否则，会使校长与家长之间产生隔阂甚至对立，还可能引起学生对家长或学校的不满。

2. 以诚相待

与家长沟通，讲究一个"诚"字。只有诚心诚意，才能打动家长的心，使他们有效地开展家庭教育。校长应学会倾听家长的意见，让家长表达自己的意见。谦虚诚恳，专心倾听，让家长感到学校很重视他们。校长也要放下"教育权威"的架子，经常向家长征求意见，虚心听取他们的批评和建议，以改进自己的工作。这样做也会使家长觉得校长非常可亲可信，从而诚心诚意地支持和配合学校的工作，维护校长、教师的威信。

3. 巧妙接待不同类型的家长

家长的文化水平、素质、修养各不相同，对学校教育的配合程度自然也存在很大的差异，这就要求校长在接待不同类型的家长时必须讲究语言艺术。

校长对不同类型家长实施的沟通策略如下：

对知识型的家长，尽可能地将学生的表现如实地向家长反映，主动请他们提出教育措施，充分肯定和采纳他们的合理化建议，并适时提出自己的看法，和学生家长一起，同心协力做好学生的教育工作。

对溺爱型的家长，交谈时首先要肯定学生的长处，对学生的良好表现予以真挚的赞赏和表扬，然后再指出学生的不足，同时恳切地指出溺爱对孩子的危害，耐心、热情地帮助并说服家长采取正确的方式教育子女。

对放任不管的家长，要如实告知学生在校情况，使家长意识到不管教孩子会影响孩子的发展前途，激发家长对孩子的爱心和期望心理，引导他们主动参与教育孩子的活动。加深家长与子女之间的感情，为学生创造一个良好的家庭环境。

对后进生的家长，要尽量挖掘孩子闪光点，要让家长看到孩子的长处，看到孩子的进步，看到希望。说到孩子的优点时要热情、有力度，说到孩子的缺点时要委婉，这样会让家长对自己的孩子充满信心。

对气势汹汹的家长，校长要克制自己的怨气，不要和家长争执，讲清道理，宽容大度，最有效的办法就是沉住气，面带微笑。

二、会议管理

教师的魅力在课堂，校长的风采在会场。会议是学校管理工作最重要的环节之一。会议是信息集中沟通的途径，是集思广益的重要场所，是统一思想、协调关系的手段，也是校长展示风采、体现价值、彰显魅力的重要场合。会议的主要目的是解决问题，但是效率不高的会议不但无益于问题的解决，反而会使问题更加复杂。所以，校长开好会和教师上好课一样重要。下文将会讨论校长如何高效率地主持会议，同时也对校长如何"听会"、如何提高参会效率给出建议。

（一）不同类型会议的主持方法

编者将日常会议分为告知性会议、执行性会议、谋划性会议和咨询性会议。

1. 告知性会议的主持

告知性会议，如报告会、演讲会、庆典活动、表彰会、决定等，一般都有固定的程序，校长在开会初始或结束时做指导性讲话。这类会议是校长对全体教职工的一次直接交流，也是校长树立形象、进行正式沟通的主要形式。

校长的讲话内容要以能激励教职工奋发向上为主，要用一定的篇幅描绘学校的发展愿景，使学校教职员工产生一种亲切感和为取得成绩而高兴的振奋感，以及为达到新目标和为完成新任务而产生的紧迫感、责任感。

在讲话中要尽量给教职员工的工作以切实的指导。校长的优势在于掌握全局、掌握信息。在讲话中，校长要充分利用自己的优势，在会议上传递信息，帮助教职员工了解全局信息，并针对不同教师群体的特点，提出明确的要求和指点。

2. 执行性会议的主持

这类会议在学校会议中占多数，通常在布置任务、落实计划、集中分配任务时采用此种模式，出席者多为特色学校的中层干部。组织者和与会者就某项任务的落实进行商讨，组织者向大家布置任务、人员、地点、时间、资金和应急方案，与会者接收信息，并就相关问题同组织者商榷。为提高效率，执行性会议一般只讨论与目标相关的事项，有议有决。校长在主持这类会议时，要有主见、有权威地分配任务，言简意赅。

会议中下达任务的技巧如下：

（1）阐述任务的目的及重要性

当考虑下达任务时，校长首先要明确任务的目的和重要性，用教师都能理解、易于操作的方式进行传达，不要朝令夕改。

（2）注意措辞，积极鼓励

校长注意不要使用过于抽象的措辞，不要把目标设定得无法掌控，过于宏大。在分配任务时，不要使用过于权威、命令式的语气。

（3）允许提问

在分配任务的整个过程中，都应该询问教师有什么问题和意见，并肯定教师提出的正确观点。在选择发言对象时，可以让有发言需求的教师首先发言，营造良好的沟通氛围。在任务分配后，校长也要适时询问教师遇到的困难。

（4）只考虑可以实施的解决方案

为提高效率，校长在会议上只考虑可以实施的解决方案。对暂时不能落实的方案，不管其多有创见性，均应暂时放弃，留待进一步改进处理。

3. 谋划性会议的主持

此类多为决策性会议，包括制定特色学校的政策、研究规划、修订规章制度、制订工作计划和措施、商讨对人或事的处理，信息沟通应该是双向的。出席成员主要是学校的中层以上干部和有一定影响力、有代表性的教职工。

谋划性会议内容最为复杂，由于预先只知道会议要解决的问题而无固定程序，讨论范围较为深入和广泛，结果也是开放性的，所以在一场会议中不要设立多项谋划性议题。此类会议成功的标志是：最后在主持者的领导下，大家统一思想，形成一个绝大多数人都赞同并拥护的决议，并且能很快、积极地统一行动，分配任务，付诸实践。

在主持会议时，校长应注意将各种建议和意见巧妙地进行综合，从而使观点和方案逐步趋向成熟和系统化。谋划性会议要营造一定的民主氛围，唯有如此，与会者才会畅所欲言。校长要先听后说，做好引导者和记录者的角色，善于引导与会者放开思路、广开言论，切不可过早提出自己的主张，这样可使大家减少思维定式的消极影响，也可以减少校长权威的负面影响，还可以使决策有更充分的群众基础。当他人的发言与校长的既定想法有冲突时，校长也不要立即批评。如果与会者的发言很有创见性但暂时不够成熟时，则应鼓励其会后继续完善，提出书面建议，供改进工作时采用。

4．咨询性会议的主持

这类会议包括调查会、汇报会、交流会等。根据会议议程不同，相关成员包括教职员工、学生、有权威的退休教师、家长等。这类会议的重点是听取各方面意见，讨论问题但是不做决策，会议也没有行政约束力，参与人员广。

校长是主持人，也是信息搜集人，口问心记，听取与会者的见解或陈述。校长应该放下"权威"的形象，以听取意见和学习的姿态参与会议，听取情况、调查问题、了解情况。这样更能激起与会者表达意见的热情。

（二）校长如何提高会议质量

1．判定会议召开的必要性

判定会议是否有召开的必要，首先要明确会议的形式、任务和目的等。一般来说，判定会议是否有必要开，应参考以下标准：通过其他形式能有效解决的问题，就不必选用开会这种形式来解决；有几个性质、任务差不多的会，可以合并起来开，但是每次学校会议的议题不要超过五个，时间不要超过三个小时；应在可能的情况下尽量缩短会议持续时间；如果能借用媒介手段，如电话、广播、电视会议等来解决的问题，则可以不开会；可开可不开的会议，坚决不开。

一次高效的会议，必须达到以下标准：必要时才召集教职员工开会；认真筹划后才召集教职员工开会；提前拟定和分发会议程序表；所有人都必须遵守时间；一切准备工作都已就绪；邀请最有经验和才能的人出席会议；对会议做出评论和归纳；记录所有决议、建议和负责人。

2．以议题为中心

议题是会议的中心，也是会议要解决的核心问题。校长的会议领导形式之一就是处理议题。校长在主持会议时，无论是会前、会中、会后，都要始终以议题为中心，以如何解决问题为目的。

有智慧的校长，在组织和主持学校会议时，首先要回答以下问题：

组织会议前，清楚会议的目的是什么，或是通过会议想获得什么。

会议开始时，与会者是否知道会议目的。校长应该明确把开会目的和要达到的效果摆出来，让与会者都清楚明白。

在开会过程中，校长要巧妙地引导会议进行，促使会议达到预期目的。引领会议内容时，始终要清楚，哪项议题必须在会上由与会者做出决定；哪项议题只需听一听与会者的意见以便进一步补充；哪项议题需要说明背景，由何人说明；哪项议题会上暂不讨论，而需与会者在会后做进一步思考；哪项议题与会者必须赞同并在行动上保持一致。

会议快结束时，要及时概括总结会议决议，使最后获得的结果与会议的议题相符，并使与会者明确会议的最终决定和结果。

3. 协调人际关系

会场上，来自不同部门的同事集聚在一起，就某项问题进行商讨，难免有些成员会做出"不合时宜"的行为，比如不断地与邻座窃窃私语，就某个问题托词争辩，或保持沉默。这就需要校长运用一定的人际交往技能，结合有效的会议主持技巧，协调会议秩序，并尽可能地调动会议气氛，鼓励所有参会者积极参与，达成会议决议。

4. 会后成果巩固

会议主持的成果巩固，也是会议的重要内容，会议质量会通过会议的成果显现出来。因此。校长在会后要交代具体部门迅速整理会议记录，拟订工作进度报告，并在以后的必要场合重申会议指派的工作，以督促大家及时将任务付诸行动。

（三）校长如何"听会"

在校长的会议时间中，有很大部分是"听会""参会"，代表特色学校去参加上级或相关部门的会议。校长不要认为"听会"只是"走过场""耗时间"，而是要争取在会议上汇报、阐述特色学校发展的情况，使上级领导和兄弟学校了解、帮助学校，为特色学校建设发展争取资源。

1. 会前做好准备

在参加会议前，组织方一般都会提前通知会议时间、地点，特别是会议人员和议题。校长在参加会议前，要提前思考，并做好以下三方面的准备工作。

（1）思想方面的准备

善于听会的前提，是高度重视"听会"的作用，那些将参会作用定为应付敷衍、走过场的想法是错误的。会议是集中沟通的重要形式，也是校长宣传特色学校办学经验、争取办学资源的好机会。所以，校长要重视会议的作用，持一种吸取新精神、领会新文件、掌握新动态、捕捉新信息、找寻新举措的态度，迎接会议、准备会议、融入会议。

（2）内容方面的准备

在开会前，校长要做好"功课"，对本校的情况做到心中有数，取得了哪些成绩，存在哪些问题，今后发展规划如何，当前工作的重点是什么，最棘手的问题是什么……然后将议题和本校实际相结合。只有这样，才能确保有备而来、满载而归。

（3）材料方面的准备

在开会时，要带好会议资料，最好能专门备一个笔记本做参会记录，方便日后查证。

2．会中做好记录

会上领导的讲话内容大多是提前准备的，体现了某个人及他所在群体的思想、思路和态度，是领导者平常调研、上级部门要求和站在全局的高度谋划发展全局的点滴观念的"集合"。校长在听会时，要设身处地的从组织会议者的角度想问题、看事情，将心比心，感受他们的良苦用心，弄清会议的目的、意义，会议传达的新思路、举措等。要善于捕捉有价值的信息，理清并记录领导讲话的思路和要点，及时做好标注和记录，以便会后传达、部署工作。另外在听会时，自己有触类旁通、顿生灵感之处，也应在适当地方及时记录，以防会议后遗忘。

3．会后勤于思考

校长在听会时，不能只满足于被动地听取报告，要积极融入，始终关注会议主题，理清上级部门对相关问题的态度、观念，相关的政策和规章制度，以及对问题的处理策略、方法等。更要结合本校的实际情况，认真对照，思考如何因地制宜，如何传达会议精神，什么时候传达，怎样具体抓落实，这些问题在听会时都要有一个初步的思考。如有疑问，可以当面或会后向组织者提出。

三、时间管理

时间是一种资源，而且是一种特殊的资源。时间是最珍贵的资源。时间管理的关键是自我管理，校长要努力做一个优秀的时间管理专家，要学会"运时"，掌握统筹方法，消除"内耗"和"空耗"；也要从分析自己时间的使用情况入手改进管理方法，用有限的时间去完成更有价值的事情。

（一）消除错误的时间观念

时间管理专家研究了人们的时间使用情况后发现，人们常常有一些浪费时间的行为，对实现自己的任务目标毫无贡献，从而降低了工作效率。所以减少时间浪费现象，树立正确的时间观念，是跟上快节奏生活的一种有效途径。对校长而言，拥有正确的时间观念，能极大地提高自己的工作效率，助力特色学校的发展。

（二）时间管理法则

校长在正确认识自己时间的使用情况后，应着手找出非生产性、浪费时间的活动，尽量避免将自己的时间花费在一些无所谓的小事情上。作为一名管理者，校长有必要学习和掌握管理时间的一般原则。

1. 丢掉一些事情

社会发展到了今天，社会联系与活动日益纷繁，摆在校长面前的事情可谓千头万绪。如果事事都要抓、都要问，势必会陷入毫无成效的忙乱之中。

丢掉一些事情的原则是，确定奋斗目标，划定自己的活动范围。如果某项工作不在自己的活动范围内，偏离了自己确立的目标，那就不值得花时间去做。

2. 拖一拖再办

当某项工作背离优先原则，但又不能不做时，可考虑拖一拖再办。这样可以集中时间和精力，把重要的事情做得更好更快。

3. 委托别人去做

校长可以将由别人代替同样能解决问题或者有可能做得更好的工作放心委托给别人去做，要善于在管理中"授权"。有效委派的第一个先决条件就是了解工作的性质、特点和问题，下属的能力和愿望，部门和学校的目标等。

有效委派的七个步骤：选定需要委派别人去做的工作—选择能胜任工作的人—确定委派工作的时间、条件和方法—制订一个确切的委派计划—具体委派工作—检查下属的工作进展情况—建立检查和评价委派工作的系统。

4. 亲自做重要的事情

校长要善于集中时间和精力做必须亲自做的事情，首先做好重要的事情，这是科学管理时间的一个重要方法。通过确定目标先后顺序，养成追求效率的工作习惯，用较少的时间完成必要的工作，节约下来的时间可以用来做更多的工作，或用于休息等。

（三）时间管理方法

1. 合理规划时间

现代生活节奏快，在事务繁杂的状态下，为了高效利用时间，校长应尽可能地从认识自己的时间使用情况着手，科学地规划自己的时间。为了便于全面了解时间的使用情况，校长首先要做好时间记录。具体的方法有很多，既可以自己动手做时间日记，也可以让秘书或助手帮忙记录；既可以全年都做时间记录，也可以以一个月为阶段做时间记录。不管选用哪种方法，重要的是把真正的时间记下来，且尽量在事情发生的当时记下来，而不是在事后凭回忆去记录。只要坚持不懈这样去做，校长就可以重新考虑和重新安排自己的工作时间表，就能避免时间浪费，也就能真正管理和运用好自己的时间。

2. 分清事务的轻重缓急

时间管理的重要性在于，它会影响最后的工作成效。如果把最重要的事情安排到最后去做，但到最后会发现可以支配的时间所剩无几。校长的工作很忙，每件事情的轻重缓急各不相同。时间管理的技巧就是将重要的事情列入紧急事件之列，而将不重要但紧急的事情排到后面去做。因此，建议校长把各项工作按重要性和紧急度进行排序，然后将每天的注意力首先集中于重要的任务，然后再处理紧急的事情。

3. 制订工作计划

凡事预则立，不预则废。校长抓好"五个战略时间"行动方案的制定，便可极大地提高时间利用率。"五个战略时间"及行动内容分别是：①"日之末"，拟订明天要达到的目标和主要活动提纲，次日睡醒时就有明确的行动计划。②"周之末"，总结本周工作，拟订出下周各项主要工作的提纲，要求细到每天要达到的一项或多项目标。③"月之末"，总结本月重大事件，拟订出下月要达到的主要目标，要求细化到每周完成的事情。④"季之末"，检查本季度的主要成绩，确定需要采取的补救措施或找出计划中需要改进的地方。⑤"岁之末"，检查本年度的主要事件，分析成功与失败之处，列出下年度的工作目标。为了完成以上"五个战略时间"的计划和记录，必须先准备好一个记录本，写好目标一览表、日志、记事簿等。最后把自己的工作结果与预期目标对比，如果相符，便说明时间已被有效利用。

4. 抓紧零碎时间

如同储蓄一样，时间也是可以积零成整的。如何将时间积零成整，诀窍就是要把工作化整为零。当某项工作需要较多时间才能完成、而校长的时间又有限时，建议校长这样做：只要能把这项工作合理地分解成若干部分，化整为零，就用一些零星分散的时间去做。校长要始终带有这种强烈的意识把那些零散的时间片段利用起来做一些有用的事情，如查找资料、阅读、交流教学心得等。只有这样，才会在相同的时间里完成比别人更多的事情。

四、冲突处理

中国的传统管理思想主张以"和"为贵，避免人与人之间发生冲突，以维持社会和组织的稳定。然而，现代管理理论认为，冲突管理通常是驱动变革的最大动力之一。只要处理得当，冲突就能够给特色学校带来更多变革，帮助巩固组织内部的关系，帮助组建有效的团队。

（一）认识冲突

1. 冲突的概念

学校冲突是指学校成员之间、内部各群体之间、成员与群体之间，因为目标、利益、需要、价值观等方面的不一致而在互动过程中发生的对立现象和行为。学校冲突是普遍存在的，产生这些冲突的情况包括如下几种。

目标性冲突：当某个人或团体寻求达到截然不同对方的结果时。

认识性冲突：当某个人或团体持有与他人不同的观点时。

情感性冲突：当某个人与团体的情感、情绪或态度与他人相互排斥时。

行为性冲突：当某个人或团体的行为方式不被他人认可或接受时。

2．冲突的成因

要处理冲突，首先要诊断造成冲突的成因。学校组织冲突的成因较为复杂，有单一的动因，也有多方面的动因。以下概括了引起冲突的几点原因。

（1）个性差异的客观存在

个性差异是指主体之间在稳定特征上存在不同。在组织中，个体差异越大，共性就越少，主体间合作的可能性就越小，存在的分歧、矛盾就越普遍，工作和交往中的阻碍、争执也就越频繁。

（2）认识不同

人们以各自不同的方式来解释现实问题，对问题的严重性、原因和后果的认识存在分歧。不同的认识可能源于自我意识、他人认识、对形势认识的冲突以及对威胁感知的不同。

（3）价值观不同

价值观是基于人的一定思维感官做出的认知、理解、判断或抉择。当人们持有不一致的价值观或价值观含糊不清时，很容易导致主体之间产生分歧和争议。

（4）个性的对立

有些教师可能"脾气很冲"，有些教师可能在以前工作中有"矛盾"，这些也会导致冲突的爆发。

（5）组织沟通不畅

在封闭性文化组织中，缺乏沟通和交流，沟通不畅可能会使成员对问题的理解不一致。在组织信息沟通过程中，产生误解或信息传递无效，个人和群体之间极易产生隔阂，引发冲突。

（6）资源的稀缺性

当两个或两个以上的主体同时依赖组织的稀缺资源时，双方极可能因分配资源而发生冲突。

3．冲突的价值

冲突如果处理不当，往往会导致学校内部各群体的挫折感不断累积，组织氛围不断恶化，各种破坏性行为不断增加，最终影响整个学校组织的工作绩效，使特色学校运行进入恶性循环。但是现代冲突观认为，组织发生冲突是普遍存在、不可避免的，并且常常被认为是合理的。学校冲突并非只能给学校带来各种问题，若是对学校冲突实施有效管理，就能够促进学校内部的沟通，提升学校的良性运行能力，从而提高特色学校组织的工作效率。

对校长而言，有效地管理冲突可以提高组织的凝聚力和开放力，使校长对组织内部的关系有一个清晰的把握，可以促进组织决策的科学性和有效实施。

就整个学校而言，对冲突的有效管理和合理解决，可以提高学校结构的合理性，有利于建立一套科学、合理和高效的规章制度和组织章程，促进特色学校和谐发展。

（二）面对冲突

1. 学校冲突的诊断

依据组织行为学理论，特色学校管理者应该采取适当的策略使冲突维持在一定的水平，并能够及时诊断该冲突是否属于功能性冲突，以此来促进特色学校的发展。校长可以通过以下几种方式对学校冲突进行有效诊断。

（1）确定冲突的数量和水平

不同类型的冲突对学校的影响作用不同，而冲突也只有到达一定的水平才能促进组织健康发展，因此学校组织的冲突并不是越多越好，也不是越少越好。学校冲突过于频繁，会影响学校各项活动的正常开展和学校的正常管理；而学校冲突过少，会导致学校成员缺少应对冲突的经验，组织缺乏凝聚力。学校冲突只有达到适当的水平，才能促进组织的健康发展，使组织绩效得到提高。因此，特色学校管理者必须能够及时掌控冲突的数量和水平。

（2）评估冲突的效果和影响

冲突既有破坏性功能，也有积极的功能。如果管理者能够正确评估冲突的功能，则有利于其更好地管理冲突。一般而言，有效冲突指的是对学校组织内部的各个群体有利，如对教师整体、学生整体有利，而不应该是对个人或者特定的小团体有利。

2. 处理冲突的对策

冲突在团队发展的过程中是难以避免的，有些人甚至认为冲突是团队成长过程中不可或缺的一部分。应对冲突包含两层含义：一面是规避冲突赖以滋生的"条件"；另一面是化解（消除或削弱）冲突可能激起的敌意。

（1）回避矛盾

在冲突发生后，校长可能会选择一种消极的处理办法，如忽视冲突的存在，希望双方通过减少群体间的相互接触次数来减少摩擦。这样做的前提是冲突没有严重到损害组织的效能。

（2）加强沟通，解决问题

可由校长召集冲突双方或代表，让他们把分歧讲出来，找出分歧的原因，最终选择一个双方都满意的解决方案，就事论事地处理某个具体问题。这种面对面的沟通形式如果利用得好，就可以促进相互理解，促进组织凝聚力的提升。

（3）设立更高的工作目标

在冲突爆发时，校长可以树立更高的工作目标，使冲突双方感到有紧迫感和吸引力。在这种情况下，冲突双方必须合作才能达成目标，迫使双方互相谦让和做出牺牲，共同为这个超级目标做出贡献。

（4）强制性办法

强制性办法的实质是校长借助或利用组织的力量，或利用领导的权力，或利用来自联合阵线的力量。在解决冲突时，校长可以明确表示对某一种做法的支持，采取强硬手段解决问题，排除其他干扰。

第六章　特色学校教师管理智慧

第一节　特色学校教师管理的相关理论

一、教师管理的概念及要素

（一）教师管理的概念

教师管理是特色学校管理者以教师为管理对象的实践活动和教师自我管理的总和。教师既是教育者，又是管理者；既是主体，又是客体。特色学校管理的主体、客体都是人，其目的也是人，它通过管理主体的人，对既是管理客体也是主体的人进行管理，最终达到培养人、发展人的目的。完善的学校组织结构可以起到很好的协调作用，促进学校战略目标的达成。教师管理具有复杂性、多变性。

（二）教师管理的基本要素

在特色学校管理中，教师管理是一个很重要的部分，是特色学校管理的核心要素之一。教师管理的范畴很广,涉及要素也很多。编者认为基本要素主要包含:教师权益保障、教师民主参与、教师知识提升、教师情感需求和教师自我实现。

1. 教师的权益保障

教师的权益保障主要是指教师的专业性权利,如我国相关法律法规规定的中小学教师应享受的"教育教学自主权、学术自由权、指导评价权、获取报酬权、参与教育管理权、培训进修权及申诉权等权益"(具体条款参见《中华人民共和国教师法》第七条)。

2. 教师的民主参与

民主参与在管理中体现为以最大的善意包容多元的价值,在不同利益主体之间增强共识,以他人和集体的角度思考问题,体现了人本思想与人文关怀。教师民主参与,有利于教师自身的发展,有利于特色学校管理水平的提升,也有利于特色学校营造民主的氛围。

3. 教师的知识提升

教师本身属于专业技术人员,只有自身专业水平过硬,才能站稳讲台,才能服务学生,才能传道授业解惑。因此,教师知识提升是学校教师管理的一个重要因素,它不仅关系到教师个人的发展,也关系到学校未来的发展。

4. 教师的情感需求

长期以来,学校管理者在情感需求方面对教师的关注远远不够,很多时候忽视了教师的情感需求。而在现实生活中,教师对工作以外的亲情、友情和爱情是十分渴望的,他们同样需要被关注、被呵护、被尊重、被肯定。

5. 教师的自我实现

每一位教师都有无穷的潜力,需要自己去发现、去挖掘,实现自我价值。持久的自我价值感是一种较稳定的人格倾向,它是一个多维度(社会取向和个人取向)、多层次(总体、一般和特殊)的系统。

二、教师管理相关理论依据

(一)人本主义管理思想

人本主义管理的思想和理念主要是在促进"个人自我实现"个性化假设的

基础上建立和发展起来的，如何最大限度地将人的积极性调动起来、怎样将人的主动性与自主性激发出来是人本主义管理思想的核心。人本主义管理思想倡导在每项工作中都应当将人的因素放在首位，对人的价值进行正确的认识、对人的主观能动性进行充分调动和激励，最终让每个人都能够实现个性化发展。人本主义的管理思想应用和作用于特色学校教师队伍建设管理中，对特色学校管理者提出的要求，就是要最大限度地将体现民主、尊重与发展的新型人际关系建立起来，将每个教师自身的积极性、主动性、创造性有效地激发出来，力求达到教育教学及管理效率的最优化、教师自身发展和自我实现的最大化，让每一位教师都能够始终处在有地位、被尊重、被理解、被认可的愉悦环境和氛围之中，让每一位教师在工作和生活中都能够既有成就感又有价值感，还有浓浓的幸福感和满意感。人本主义管理思想为特色学校教师队伍的建设及管理提供了基本的原则和有效的指导，让特色学校围绕着教师队伍的整体实现和整体发展做决策、想办法、找思路、提对策。

（二）双因素管理理论

双因素理论亦称"激励—保健理论"，由美国心理学家弗雷德里克·赫茨伯格在1959年提出。组织系统易受保健因素和激励因素的影响。其中，保健因素指与工作的条件与环境相关的各种外部因素，包括工作的薪金待遇、管理的模式、工作的安全感、工作中的地位、工作的环境以及工作中的人际关系等，如果没有保健因素的存在，人们在工作中的积极性就会不断降低。激励因素主要包括：人在工作当中取得的成就、得到的赏识、晋升与发展等。激励因素的存在能够让人们在工作中的满意度得到增加、积极性和主动性得到增强。如果激励因素不存在或者不完善就会降低人们的工作积极性，但并不会完全导致人们对工作满意度降低。人们对工作感到满意或不满意主要是因为质的差异而非量的不同，在系统的人力资源管理之中要坚持保健因素与激励因素双管齐下，让人们的工作满意度与积极性能够得到提升。

将双因素管理理论应用到特色学校教师队伍建设与管理之中，一方面能为教师提供和创造良好的工作环境和工作条件，为教师提供较高的薪酬待遇，让教师处在民主、平等、和谐的人际关系之中，确保教师在工作中的地位与安全感，对教师实施宽松、人性化的管理模式。另一方面由于学校教师队伍往往都有着较高的知识水平，他们除了工作的基本条件和环境之外，往往更看重工作中自身价值的实现和自我的发展，有时他们对精神的需求远远超出了对物质的需要。这就要求学校管理者强化激励因素的把握与实施，为充分发挥教师的能力提供更大的平台，为教师的培训与发展创造更好的条件，为教师的职务发展与职称晋升提供更多的机会，将教师在工作中的动力与活力有效地激发出来。

（三）人力资源管理理论

教师队伍在教育系统中处于最重要的位置，人力资源管理在教学目标的实现上、教学效率与质量的提升上、个人素质的提高上都有着重要的意义。在教师队伍建设及管理上，人力资源管理理论涉及的内容较多，实施积极、科学的人力资源管理理论，能够促进整个特色学校教师队伍的合理化开发与精准化管理，对教师工作的积极性和主动性的调动有着巨大的影响，能够使特色学校教师队伍的整体素质得到提升，能够将教师队伍中每一位教师的潜力尽可能地挖掘和开发出来，能够为教师的终身发展和学校的持续发展提供强大的保障和不竭的动力。在特色学校教师队伍的建设及管理上，人力资源管理理论能够在教师人力资源的基本内涵、教师的人力资源发展规划、教师的职业生涯发展规划、教师的工作分析、教师的培训、教师的绩效管理以及教师的激励发展等方面提供有效的理论源泉和动力支撑。

（四）需求层次理论

根据马斯洛需求层次理论，人的需求包括五个层次：生理需求、安全需求、社交需求、尊重需求、自我实现需求。这五个方面的需求是人们与生俱来的，能够成为满足和激励、指引与促进个体发展的重要力量与强大引擎。在这五个需求中存在着从低级到高级的层次演进；需求的层次越低，人发展的欲望越强烈、发展的潜力也就越大；而随着需求逐步被满足，人们追求更高层次的需求满足的欲望就会逐渐减弱。在每一个相对较高层次的需求出现之前，比其层次低的需求一定要被充分满足与实现，如果低级层次的需求没有被满足或部分满足，那么高级层次的需求是不可能出现的。高级层次的需求往往比低级层次的需求更复杂、更难以被满足和实现，高级层次的需求在被满足的过程中往往依赖良好的外部条件和环境。需求层次理论应用于特色学校教师队伍建设及管理之中，能够让学校管理者着眼于每一个教师的层次需求，努力创造条件，帮助教师充分地"自我实现"。在每个层次被逐步满足的过程中，教师的积极性和创造性都会被源源不断地激发出来。当前，特色学校教师队伍建设及管理中教师的生理需求和安全需求一般都能得到满足，而在教师被尊重的需求和自我实现的需求却难以得到充分满足，学校需要充分给予教师人文关怀，为教师创造良好的人际交往环境，将固化的制度管理与灵活的人文关怀有效地结合起来。要通过肯定教师的地位和作用，高度肯定教师的贡献与价值，让教师感受到尊重与认可。要千方百计地创造机会和条件，让教师在课堂教学和教研活动中充分发挥自身的潜能，让教师获得更多的晋升与发展的机会，将每一位教师尽可能地放到适合他们，而且他们也喜欢的环境中，使他们充分展现自身的才华、发挥自身的作用、实现自己的价值、完成自己的目标，尽可能地满足每一位教师的自我实现需求。

第二节　特色学校教师的管理智慧

一、思想沟通，落实政策

（一）克服消极因素，调动教师的积极性

影响人积极性的因素大致有三类：一是基本因素，它指的是人生观、世界观和道德观，它对人们的积极性长期起作用，甚至可以影响人的一生；二是实际因素，它指的是现实生活给予的各种激励因素，这些因素可以在一定时间内可以影响人们的积极性；三是偶发因素，它指日常工作和生活中偶然发生的一些令人愉快或烦恼的事情，这些事情对人的积极性也会产生暂时性的影响。上述三类因素在实际生活中的作用，是交织在一起的。基本因素对人们的积极性起主导、决定性的作用，它对实际因素和偶发因素具有调节、节制的功能，而实际因素和偶发因素也可能在短时间内对人们的积极性产生决定性的影响。这些因素累积起来，也同样会引起基本因素的变化。因此，特色学校管理者要调动教师的积极性，必须针对上述三个方面，做好工作，利用这些因素的积极影响，防止和克服其消极影响。

（二）端正态度，尊重他人的思想

人是非常复杂的机体，只有在对人的不同属性及关系有全面、统一认识的前提下，采取实事求是的态度和正确的方法，才能取得好的效果。

现代管理科学的"人本原理"认为，每个管理者在管理工作中必须重视"做好人的工作"这个基本原则，重视人与人之间的关系，尽量激发人的主观能动性。只有这样，才能把管理工作做好。

（三）做好思想教育工作，以师德教育为中心

师德是教师职业的行为标准和指导规范，是教师品德修养的集中体现。校长要领导管理好学校，必须对教师加强师德教育。在教师素质这一复杂结构中，师德占有重要的地位。它与教师的思想政治觉悟有密切的关系，但又有独特的地位与作用。一般来说，思想政治觉悟对师德有重要的影响，但思想政治觉悟不能代替师德。师德集中地反映了教师的政治思想、教育思想和职业道德修养。同时，师德与教师的业务水平也有密切的关系，但它们之间也不能画等号。在教师队伍建设中，既要重视教师的思想政治觉悟和业务水平的提高，又要重视教师师德水平的提高。

建立一个良好的教师集体，是教师管理工作的重要内容和目标之一。而良好的教师集体的形成，要以提高教师的师德素养为前提。师德是教师集体的"纽带"和"粘合剂"。一个良好的教师集体的特征是有共同的目标，对教育工作有正确、强烈的价值认同，对学校的教育教学任务有一致的认识并乐于努力去完成它。同时，教师与领导之间、教师与教师之间、教师与学生之间，要互相关心、互相尊重、彼此信任、共同进步。在这样一个良好的氛围中，教师的积极性才能很好地发挥出来。

在特色学校进行师德教育，要组织教工认真学习教师职业道德规范。教师

职业道德包括：热爱祖国，献身教育；探索规律，教书育人；勤奋学习，德才兼备；热爱学生，诲人不倦；遵纪守法，团结协作；以身作则，为人师表。

（四）做好教师的思想教育工作，落实教师福利政策

1. 尊重教师

要经常向全社会宣传教师应有的地位和作用，尊重教师，让他们享有合理的劳动报酬和福利待遇。

2. 思想上严格要求

首先，要抓紧对教师进行思想教育，对教师的言行、仪表提出既合情理又严格的要求，使他们能从严要求自己；对个别教师的不正之风，要以实事求是的态度，具体分析错误的情况、产生错误的原因，采取适当的方式或必要的措施加以纠正。其次，对教师的缺点和错误要耐心帮助其改正，要看到他们的进步。最后，要善于发现教师思想上的积极因素。

3. 工作上积极支持

首先，对教师的进步要有正确的估计。分配给他们的工作要恰当，做到人尽其才，充分发挥他们的专长，对犯过错误的教师也应量才而用。对有丰富教学经验的教师，要帮助他们总结经验。其次，对负责某一方面工作的教师要大胆放手，使其真正有职有权。最后，对工作上确实有贡献的教师，要给予适当奖励。

4. 生活上热情关心

首先，要从特色学校的实际出发，尽量改善教师的生活和工作条件，办好集体福利。其次，要积极与有关部门联系，尽量解决教师的待遇问题、教师子女的升学就业问题等。最后，要关心他们的健康，照顾、关心体弱多病的教师。

二、满足教师的合理要求

要调动教师的工作积极性，还必须了解和研究他们的需要，满足他们的合理要求。

在现有的社会条件下，教师可能有以下需要。

（一）个人才能得到发挥的需要

教师都有搞好工作、为教育事业贡献自己力量的愿望。因此，他们希望自己的才能、特长得到充分的发挥。一个有某种才能和特长的人，总是希望能得到一个表现的机会，同时希望得到他人的认可。如果这个人的特长和才能在特色学校里得不到表现，他就会感到"英雄无用武之地"，学校领导应当了解教师的这种心理，尽量为他们提供发挥特长的机会。

（二）学习、进修方面的需要

随着科学技术的不断进步，各门学科的内容、研究方法和实验手段也在不断更新，因此有些教师深感自己知识不足，希望获得再学习的机会和条件。特色学校应结合实际情况尽量满足他们的需求。

（三）业余生活方面的需要

教师在自己的工作、学习之余，希望业余生活过得丰富，更有意义。他们希望有健康的文化体育活动，如游戏、旅游等。对在边远地区或山区工作的教师，这些要求会更为迫切。

三、合理安排教师的工作

合理安排教师的工作，既是科学管理特色学校的一项重要内容，也是发挥教师积极性的重要条件。

深入了解教师，是安排教师工作的前提。特色学校领导在安排教师的工作时应尽可能地对每个教师有全面的了解，安排尽可能恰当、合理。

（一）了解教师的情况

教师的情况包括：① 政治思想情况和道德品质情况。② 工作态度，对自己从事的本职工作的认识，努力勤奋的程度、遵守各项规章制度等纪律的情况。③ 专业基础，主要是教师接受专业教育时的情况。这虽然并不能完全准确地反映一个的专业理论知识、业务能力水平，但也是衡量教师专业基础的一个尺度。当然，还要正确估计教师从事工作后通过勤奋学习、自学和实践中得来的知识。④ 业务能力，包括运用专业基础知识和基本技能的能力，主要表现为理解和组织教材的能力，根据学生学习实际，科学地选择教育、教学方法和有效运用这些方法的能力，语言表达能力和写作能力，灵活运用专业知识和教育科学理论知识解决教育和教学实际问题的能力。⑤ 科学研究能力，就是结合教育实践进行教育科学实验和科学总结教育经验的能力。

了解教师情况的主要方法是：① 看档案资料，主要从资料上了解教师的基本情况，这是了解教师的基础；② 在教育教学实践中观察了解；③ 谈心，可以获得对教师的直接印象和教师的内心活动情况。

（二）安排教师工作的原则

1. 工作需要

特色学校要根据教学计划和学校实际工作需要安排各学科的任课教师，以保证国家规定的教学计划和特色学校各项工作任务的全面完成。无论是校长还是教师，都要把服从国家规定的教学计划的安排和服从特色学校实际工作的安排，作为组织、安排好教师工作的基本原则。否则，特色学校的各项工作就无法顺利进行。

2. 发挥专长

安排教师工作，要求做到专业对口，这是发挥教师专长的基本条件。在此基础上，要考虑教师的优势。基础知识扎实、语言生动形象、感情丰富、组织能力较强的教师，适宜担任低年级教学工作和班主任工作；系统理论知识扎实、逻辑推理能力强、情绪稳定、善于发挥学生作用的教师，则适宜担任高年级教学和班主任工作。

3. 便于团结互助

安排教师工作时，还要考虑到教研组、备课小组教师的整体情况，使教师们能够在思想上互相帮助，共同进步；在业务上扬长避短，合理搭配。只有在教师的思想、知识、能力、年龄、性格等方面注意合理搭配，才能使每个年级教师的人员结构合理，进而促进教师互相学习，互相补充。有人把它称为互补原则。

4. 脚踏实地，着眼长远

安排教师工作，既要立足当前的工作需要，又要从提高教师水平、提高教学质量的长远角度出发。

　　5．针对不同的教师提出不同的要求

　　每位教师都有自己的兴趣爱好，也有不同的需要，在安排工作时，应当在可能的条件下尽量给予照顾。同时，对不同情况的教师，如对老、中、青三种类型的教师，应提出不同的要求，分配不同的工作。

四、正确运用评比、奖励等手段

　　运用评比、奖励等手段来调动教师的工作积极性，即对一切有利于实现特色学校整体目标的行为都应给予充分的肯定、表扬和奖励；对一切不利于实现特色学校目标的行为都应及时地给予否定、劝阻、说服、批评、处分等。如果不及时肯定有利于集体的积极行为，则意味着积极的行为没有什么价值，得不到学校、集体等的客观承认，教师的积极性就会减退甚至丧失。反之，如果不给予及时否定不利于集体的行为也意味着对不正确行为的姑息，也会削弱教师的积极性。所以，奖励手段对调动教师的积极性是有积极影响的。

　　（一）评比

　　评比实际上是一种竞赛，是调动人们积极性的一种有效的方法。实践证明，评比是促进社会主义各项事业发展的有效办法。

　　正确组织的评比有如下意义：① 使集体和个人有一个明确的努力目标。评比条件的提出有利于使大家的努力统一到同一个目标上来。② 能营造一种鼓足干劲、积极进取的情境，使个人的勤奋努力和聪明才智得到充分肯定。③ 可以促进互相学习、帮助，使好经验得到推广。④ 集体内部的评比可以促进集体的团结，增强集体荣誉感。在教师队伍中开展评比竞赛要注意以下原则。

　　评比的内容和条件应体现特色学校任务目标与教师个人目标的统一。评比的内容和条件带有指挥棒的作用，所以要根据提高教育质量的关键，确定评比的项目和条件。在项目方面要根据教育工作的规律、学校的任务和实际情况，做到中心明确，突出重点，不要面面俱到。关键抓不住，事倍功半，教育质量不能迅速提高。如为了加强学生的思想教育工作，可以开展班主任工作方面的评比；为了提高课堂教学质量，可以开展改进教学方法、开展教研活动方面的评比。在评比标准方面，必须反映教育方针和党对教职工的全面要求，如教书育人、工作态度与效果、知识水平与教学艺术等都要得到反映。单纯以考试成绩和升学率来评定教师的工作质量，会使教师的努力目标偏离特色学校任务的全面要求，影响教育方针的全面贯彻。

要贯彻充分肯定优点、表扬为主的原则。评比的目的是调动教师的工作积极性。实践证明，批评常常会引起人的反感，特别是大会上的批评，很少会收到良好的效果。以正面表扬为主，充分肯定他人的优点，可以使人更多地看到别人的优点，营造互相学习的良好风气。

要遵循循序渐进的原则。特色学校教育周期长，教育工作不可能立竿见影。大阶段指的是以一个学期或至少半个学期来评定一个班级和一个教师的工作质量。

加强评比活动的思想教育工作。开展评比活动的过程，充满思想矛盾和斗争，没有切实有效的思想政治教育，就会滋长争名夺利、弄虚作假的不良风气。所以要加强评比的目的教育、集体主义教育、团结互助的教育等等。

（二）奖励

评比的结果肯定会带来奖励，适当的奖励有利于调动教师的积极性。

1. 奖励集体与奖励个人相结合

这是教育成果的集体性决定的。奖励集体，有助于教师形成集体荣誉感和对教育工作的责任感。当然也要充分肯定教师的个人作用和贡献，做到奖励集体与奖励个人相结合，对有突出成绩的教师要给予特殊的奖励，不能搞平均主义。

2. 精神奖励与物质奖励相结合

物质奖励在一定条件下是有必要的，但如果忽视精神上的奖励，总是单纯地给予物质奖励，就会把教师引到"一切向钱看"的方向上去。精神奖励的方式可以多种多样，如推荐受表彰的教师出席各级经验交流会，请他做辅导报告，选举他为代表，把他的经验推荐给报刊发表等。

第七章　特色学校学生管理智慧

第一节　特色学校学生管理的相关理论

一、学生管理的基本原则

学生是特色学校管理的主要对象之一。学生管理的目的是使学生具有良好的学习习惯、生活习惯和行为习惯，具有基本的自理能力、自治能力和独立的生活能力；使学生愉快地学习、健康地成长，能自觉地抵制各种不良倾向。学生管理既受到教育思想的支配和制约，同时也是教育思想的实施途径和保证手段。有效的学生管理是符合教育规律、管理规律和学生身心发展规律的管理。

素质教育是依据人的发展和社会发展的实际需要，以全面提高学生素质为根本目的，以尊重学生的个性化发展需求、注重激发学生的潜能、注重形成学生的健全个性为根本特征的教育。素质教育的基本内涵：一是面向全体学生，二是让每个学生全面发展，三是让学生主动发展。素质教育对学生管理提出了新的原则，归纳如下。

（一）尊重学生的人格与个性

现代社会的管理理念告诉我们，尊重是管理的前提，对学生的管理尤其如此。第一，特色学校的管理者要尊重学生的人格。一般而言，对优秀学生的尊重容易实现，但更应清醒地认识到要尊重处于弱势的学困生的人格尊严。学困生长期存在自卑心理，其自尊心很容易被别人伤害，而自尊心恰恰是促进学生身心健康发展的不可缺少的因素。所以，教育者或学校管理者绝不能冷落、歧视"后进生"，而应从内心接纳他们，尊重他们的人格，并在学习上、生活上给予更多的关注，使学生感受到人与人之间的平等，以及被关注、被理解的温暖。第二，要从学生的实际情况出发，尊重他们的个性心理。要坚持发挥学生的特长，扬长避短，注意激发学生的潜能，实现学生的"多样化"发展，教会学生学习，为学生的终身发展奠定基础。

（二）理解学生的思想和行为

学生常常高呼"理解万岁"，这里的"理解"就是理解每一个学生的思想和行为，特别是某些学生不符合"常态"的思想和行为。在管理学生时，管理者应当善于换位思考、将心比心；应当常想"金无足赤，人无完人"。只有理解学生才能爱学生，也只有爱学生才能真正做到理解学生。只有在充分理解学生的基础上教育学生、管理学生，才能使学生乐于接受教育和管理。

（三）相信学生的本质和潜力

管理者要相信每一个学生的本质都是好的，没有哪个学生不想成为好学生。要相信"没有教育不好的学生，只有教不好学生的老师"，同时要相信每个学生都有巨大的潜力。但人才的类型各种各样，成材的时期也有早有晚，有的人"早慧"，有的人"大器晚成"。特色学校的管理者和教育者一定要相信学生的本质和潜力，为每个学生的充分发展尽可能创造良好的环境、机会和条件。

（四）主动关心，通情达理

特色学校学生管理是以人为中心的管理，人是有情感的，青少年学生往往情感丰富，教师要对学生进行管理与教育，就必须充分了解学生的发展需求。

人们常说："三分制度管理，七分情感管理。"所谓情感管理，就是做到以情换情：关心学生的思想进步，细心指导学生的学习，热心照顾学生的生活，耐心帮助学生克服困难。关键是要能做到主动关心，只有主动关心才能更好地以情感人，不仅要晓之以理，还要动之以情。管理者要善于利用科学的道理和有说服力的典型事例，针对学生的具体问题，由事入理、由浅入深地向他们讲清道理，提高他们的思想认识，做到情中有理、理中含情、情理交融，从而取得良好的管理效果。

（五）真诚提醒，热情激励

人都是有自尊心的，学生如受到直接的警告或批评，自尊心就会受到伤害，未必能达到理想的教育效果。所以，教育工作者应尽可能地在充分鼓励的前提下指出学生的缺点，让学生充分感到老师真诚的鼓励。真诚和热情是沟通师生之间情感的纽带，真诚的提醒和热情的鼓励是管理学生的重要法宝。

（六）奖惩结合，以疏导为主

特色学校管理学生还必须建立必要的规章制度，让学生明确哪些行为是应该做的、哪些行为是必须做的、哪些行为是禁止的，并明确相应的奖惩措施。学校管理者一定要做到奖惩有度、赏罚分明，而且一定要坚持以疏导为主。尽管惩戒制度不可少，但管理者必须明白，制定惩戒制度的目的不是惩罚学生，而是预防学生的不良行为，即"惩"是为了"不惩"。所以，对学生的管理应体现"以教育疏导为主，奖惩结合，以惩为辅"的指导思想。

（七）引导和加强学生的自我管理

现代管理理论认为，对群体的管理必须以对个体的管理为基础，他人管理只是外部条件，自我管理才是根本，让系统内每个个体都主动地把自己的行为与管理系统总目标协调一致，将会有效地增强效能。特色学校应从学生管理的主体性出发，把引导和加强学生的自我管理作为改革的基本目标和方向。为此，学校应改革现行的学生管理手段和方法，让学生参与特色学校管理、自我管理，使学生在教师必要的指导下独立制订计划，独立完成任务，学会自我监督、自我评价、自我修正。

引导和加强学生的自我管理的具体要求是：第一，学生管理者要增强民主意识，切实保障学生主人翁的地位和权利。学生既是管理的客体，又是管理的主体，因此管理者应把学生视为学校和班级的主人，应该让全体学生进入自己工作的决策过程当中。无论是制订计划、贯彻执行，还是检查监督、总结评比，都要让学生参与，使他们了解管理工作的上下环节，明确自己应该承担的各种义务。只有这样，学生才会具有主人翁意识，才会把管理者建议完成的工作当作自己的使命，学会做班级、学校的主人。第二，必须及时采纳学生的正确意见，接受学生的监督。学生提出的合理意见和建议被管理者采纳，是影响他们主动性和参与意识的一种重要因素。当他们合理的意见和建议得到了教育管理者的肯定并得以实施，他们就会产生一种满足感，主动性和参与意识就会得到进一步强化。第三，发展和完善各种学生组织，逐步扩大班委会等学生组织的权限。学生组织机构的干部，都应该让学生民主选举产生，并授予他们管理的权力，不要随便干预。当他们遇到困难时，要帮助解决，但不要代替他们。要让他们大胆地开展工作，锻炼和提高他们独立工作的能力，使他们成为管理者的得力助手和班集体的核心力量。第四，努力营造一种民主气氛，为学生行使民主权利提供机会、创造条件。比如设立"合理化建议登记簿""合理化建议奖"等，以增强学生参与管理的意识。

二、学生管理的方法

（一）思想教育

思想教育是我国学校教育中最具代表性的教育方法，它通过摆事实、讲道理来影响学生的思想意识，提高其思想道德认识。思想教育的方式方法有很多，如讲解、作报告、谈话、讨论、辩论、阅读书刊等。教师在运用这一方法时，要注意科学化，因为思想方法不是一味地将枯燥的道理灌输给学生，而应根据学生的实际情况，有针对性地进行，要引起学生情感上的共鸣。只有这样，才能发挥思想教育的真正功效，真正解决学生思想上存在的问题。

（二）激励

激励即激发、鼓励，调动人的积极性。我们把激励的概念界定为：教师以激励式的教育行为，从外部给学生以适度的正面刺激，使学生把教育的要求内化为个体自觉行为，从而促进学生生动活泼、主动地发展。教师在运用激励教育的方法时，要注意以下几点。

第一，以尊重学生为前提。教育激励的对象是学生，因此要摆正学生的位置。激励应强调尊重学生的主体地位，尊重学生的人格、个性、潜能。从尊重学生出发，实行各种激励性的教育措施，使学生的学习是主动的、负担是合理的、心理体验是愉快的。如果教师不尊重学生的主体性，就很难实施激励教育。

第二，以激发内驱力为主要标志。实施激励教育的目的是使学生把教育的要求内化为个体自觉行动，因此要通过教师的激励，实现学生的自我激励，进而增强学生学习的内驱力。激励教育要求教师重视培养和激发学生的动机和兴趣，使学生把社会和学校的要求转变成自己内在的行为动机和兴趣。

第三，以优化教育教学为主要内容。教师应不断改进教育教学方法，补充新颖的教学内容，以勾起学生的求知欲，激发其进行探索和研究的兴趣，在探索中学会新知识，并从中得到心理上的满足，产生愉快的情绪体验，进而产生新的学习、研究兴趣。学生在这种良性循环中，会逐渐养成主动学习的习惯，成为自主的人。

第四，以学生的主动发展为目标。教育的最终目的是培养身心健康、知识与能力协调、个性和谐、人格健全的高素质的人。激励教育就是为实现这一目标而实施的一种教育思想与策略，是实现这一目标的有效途径。

激励的方法主要有如下几种。

1. 目标激励

目标激励是指通过引导学生共同确定合理的集体目标，并利用已获得认同的目标去团结、鼓舞全体学生，从而激发学生行为的主动性和积极性。目标具有导向性的特点，教师在进行目标激励时，要注意目标的设置必须与学生的实际情况一致，不宜过高，也不宜过低。目标设置过高，学生会感到可望而不可即，缺乏行为的动力；目标设置过低，学生很容易就能达到，也起不到激励的作用。

2．榜样激励

榜样激励是以他人的高尚思想、模范行为、优异的成绩影响学生的一种方法。榜样激励具有极强的形象性、感染性和可行性，它符合学生善于模仿的特点。运用榜样激励这一方法时，教师应注意选择正确的学习榜样，要将历史性与时代性、示范性与可行性有机地结合起来，不但要引导学生学习英雄模范，更要在班里树立一些身边的典型，使学生看得见、摸得着。榜样激励的主要作用是使学生深刻理解榜样的精神实质，而不是停留在一般、表面的模仿上。

3．情感激励

情感激励是指教师通过情感的投入，引发师生情感上的交流和共鸣，从而激发学生的主动性和积极性。情感是激励人的行为的重要因素，情感激励旨在以情感人，以教师真挚的情感赢得学生的尊重和热爱。这种情感源于教师的人格魅力。教师只有以无私的奉献和对教育事业、对学生的热爱，才可能全身心地投入教育教学之中，才能发挥自己的人格影响。我们经常看到有许多教师为学生喜爱，这种喜爱又往往成为最好的教育力量。教师赞许的点头、期望的目光、会心的微笑等，都能增强情感的感染力，使学生愉快、健康、积极向上地成长。因此，情感激励是学生管理的一种重要途径，它更能提高学生接受教育的主动性和自觉性，也更能形成融洽的管理氛围和民主的管理作风。

（三）评价

评价是指通过一定的要求和标准，对学生在思想品德、学习、劳动、社会工作、文体活动以及同学关系等方面的表现及发展状况进行评判的过程。学生管理的核心问题是使学生树立正确的人才观，用正确的标准评价学生。因此，教师在对学生进行评价的过程中，首先应确立正确的评价标准，改变传统的评价标准与方法。当前学生管理的评价方法主要有两种，即定性与定量的方法。

但无论是定性评价还是定量评价，在评价的过程中，都应做到以下几点。

第一，不要以固定的尺度要求学生。由于个体差异的存在，教师对学生的管理措施应有针对性，要善于发现学生的优缺点，有的放矢，及时施教。

第二，按照不同的层次评价学生。学生的表现存在不同的层次，有成绩一般的学生，有某些方面有特长的学生，也有特优学生。在进行表扬、鼓励、评优、奖励时，不能把眼睛只盯在好学生身上，应该不拘一格评价学生。

第三，要给学生展示才能的机会。学生是否具有某些特长，教师不仅要善于发现，还要给予他们充分展现才能的机会。学校管理者要创造条件，鼓励学生表现自己、发展自己。

在学生管理中，教育自身的特殊规律以及学生发展的特点，决定了学校管理者在运用评价的方法时，必须坚持定量评价与定性评价相结合的原则。在评价的程序上，应注意将学生自评、小组他评及教师评价有机地结合起来。

（四）自我管理

自我管理是一个人能动自觉性的表现，是学生管理的最高形式。学生管理的主要目的就在于促进学生自我管理能力的形成。学生自我管理能力的形成是一个从他律到自律的过程。青少年由于自我意识不完善，往往不善于控制、调节、支配自己的活动和行为，他们的自我控制、自我调节主要受外部力量的支配、监督。他们以教师的要求为自我要求，以别人对自己的评价为自己的评价，以学校的纪律为自我约束的纪律，这时他们处于以他律为主导的初级发展阶段。但随着自我意识的不断发展，他们逐渐形成了自己的价值观、人生观和世界观，能够依靠自己的力量自觉地自我管理，自觉地支配、调节、控制自己的活动和行为，这时他们已发展到以自律为主导的较高级阶段。可见，学生自我管理能力形成与发展的过程，也是人的自我意识、人的主体性逐步形成与发展的过程。因此，学生的自我管理重在学生的主体感受和参与。

学生的自我管理活动可分为群体性活动和个体性活动。群体性活动是指学生在学生组织内部承担一部分管理责任的活动，这种活动具有较高的要求、较强的实践性，管理者必须积极为广大学生创造参与这种活动的机会和条件。个体性活动是指学生个人自发地或者是在从众心态的驱使下参与管理或自律的活动。教师应当积极主动地激发学生参加这种个体性活动的自觉性和坚定性。无论是群体性或是个体性的自我管理活动，都需要学生运用自己的独立决策、独立思维和独立工作的能力，在实践中不断提高自我控制和自我教育水平。

（五）制度管理

学生制度管理是规范性管理的必然要求，它有助于提高特色学校常规管理的效率。学生的管理制度包括两方面的内容，一是国家或上级教育行政机关制定颁布的制度和规定，二是学校制定的涉及学生管理的系列制度，它涉及学生的学习、生活、劳动、娱乐等各个方面。在运用制度管理学生时，要强调制度的严肃性、稳定性，不可朝令夕改；发布制度前，应征求学生的意见，充分发挥学生组织和干部的作用，让他们参与特色学校制度的制定、实施和考核的全过程，提高制度管理的有效性和科学性，同时也可提高学生自觉遵守、维护和执行规章制度的自觉性。

第二节　特色学校的班级管理智慧

一、班集体的概念及其特征

学生的成长离不开班集体，只有在集体中，个人才能拥有展示其才华的舞台并实现全面发展。班集体不是自发形成的，它是班主任组织与建设的结果。学生在校的时间基本上都是在班集体中度过的，良好的班集体是学生全面和谐发展的基础，对培养学生的集体主义思想，使其形成优良的道德品质，提高学生的自我教育能力，使其发展健全的个性心理品质都具有极其重要的意义。班集体的组织与建设是班主任工作的重要内容。

（一）班集体的概念

"班级"一词源于班级授课制。1632年，捷克教育家夸美纽斯在《大教学论》中第一次系统阐述了班级授课制的理论。历经三百多年，班级的内涵大致没有变化，即班级是学校根据教育的需要，把学生按照年龄和知识层次的不同编成有固定人数的组织。

"班集体"并不是学生的偶然聚合，组织有序的班级仅仅提供了班集体发展的基础，班集体不同于一般意义上的班级群体，班集体是班级群体发展到一定水平的结果。"集体"和"群体",虽然只有一字之差,但涉及的内容和外延是绝对不同的。集体是一种"精神共同体",它不是人的简单组合,而是人与人之间的融合,并在此基础上形成的不可分割的整体。

在学校里,每一位同学都属于固定的班级,从而形成了班级群体,但班级群体绝不等同于班集体。班级群体是具有一定组织形式的正式群体,它是以行政命令的方式加以指导和组织的。班集体是按照班级授课制的培养目标和教育规范组织起来的,以共同学习活动和直接性的人际交往为特征的社会心理共同体。在本质上,班集体的内涵具有多个层次,具体而言:第一,班集体是一个以学生亚文化为特征的社会群体,它传导和沉淀班级制度的社会文化基因(教育目标、规范和组织模式)。第二,班集体又是一个以教学为中介的共同活动体系,它以课堂教学为中介,整合学校、社会、家庭的教育影响,社会化的共同学习活动是班集体形成和发展的主要整合因素。第三,班集体还是一个以直接交往为特征的人际关系系统,在人际关系形成与发展的过程中动态地反映集体与个体、个体与个体、集体与环境的相互作用,体现了班集体形成的过程。第四,班集体是一个以集体主义价值为导向的社会心理共同体,集体心理的统一性和社会成熟度综合反映了集体主体性的发展水平。

(二)班集体的特征

班集体既是教育管理的客体,又是教育管理的主体。特色学校的整体教育目标主要是通过各个班集体的活动来实现的。因此,班集体的组织与建设在特色学校发展中的作用就显而易见了。不同的班集体在发展水平上存在差异,但是不论其发展水平如何,任何一个班集体都有自己的发展目标、组织、制度、舆论、班级活动和共同的心理感受。因此,一个真正意义上的班集体应具备以下几个特征。

1. 共同的发展目标

班集体应有明确的共同发展目标。共同的发展目标是班集体发展的方向和动力,是班集体形成的基础条件。明确的目标能将人的需要变成动机,对行为产生导向作用和激励作用,给人以力量克服困难、排除障碍,使人一步步地朝着目标前进。共同的发展目标能对群体的行为产生凝聚作用,增强该集体的向心力。明确了共同发展目标,集体成长就有了动力和方向。在共同目标的指引下，集体中的成员按照共同目标中的要求调整和控制自己的行为方向，把集体奋斗目标与个人发展目标联系起来。因此，很多经验丰富的班主任都会在班级管理工作中实施目标管理。班级发展的共同目标需要学生和班主任相互配合、通力合作、努力奋斗才能实现。因此，班主任每接手一个新班级时，都会根据学生的年龄和心理发展水平，在现实基础上结合时代发展的要求，提出全班同学都能理解和接受的共同发展目标。班级发展的共同目标根据实现时间的长短，一般可分为长期目标、中期目标和近期目标。

2．坚强的管理核心

由一定数量、有威信、工作能力强的班干部组成的坚强的管理核心，是班集体形成和发展的基础。一个班集体的学生应该是有组织、有领导的统一体。对一个班集体来说，班干部的工作态度、工作能力与工作方式直接关系到班集体建设，也关系到班集体的发展走向。要建设一个优秀的班集体，就必须选拔和培养一批紧密团结在班主任周围的积极分子，并让他们担任班级的干部，组成班集体坚强的管理核心。

优秀的班集体都具备一批强有力的学生管理者，而学生管理者对班集体的建设起着至关重要的作用。班干部可以成为班主任与班级学生良好师生关系的协调者，协助班主任以及学校开展各项班级管理工作，并监督各项决定的落实。班级干部要协助班主任开展各项班级工作，就必须具备一定的组织能力和工作能力，而具备一定组织能力和工作能力的班级管理核心的形成是班主任观察、选拔和培养的结果，班主任在班集体建设中要加强对班级管理核心力量的培养。

3．健全的规章制度

俗话说"没有规矩，不成方圆"。健全的制度、严格的纪律是规范行为、统一行动、达成目标、发展班集体的重要保障。集体是个体以一定的方式组成的，集体一旦形成就要有一定的行为准则来统一成员的价值观和行为，以保证集体整体目标的实现和群体活动的一致性。这种约束集体成员的行为准则，就是集体规章制度和组织纪律，对一个班集体来说，这些行为准则主要包括校纪校规和班级管理规章制度。健全的制度和严格的纪律是维持正常教学秩序、形成良好班集体的重要保障。首先，健全的制度和严格的纪律是所有班集体维持生存和发展的支柱。其次，它是统一认识的标尺，班级管理规章制度和组织纪律就像一把标尺，促使班集体的每个成员都用它来对照自己的行为。因此，班级管理规章制度和组织纪律也就为班集体的每个成员提供了一个认知和评价的标准，使班集体的成员最终形成共同的认知倾向。最后，它是引导行为的指南。健全的班级管理规章制度和严格的组织纪律作为引导个体行为的指南，其作用就是要使个人了解为实现某种目的应该做什么和不应该做什么以及应该怎样做。

4. 正确的集体舆论

集体舆论是指在集体中占优势且大多数人赞同的言论和意见。它以议论或褒贬等形式肯定或否定集体的动向或集体成员的言行，成为控制个人或集体发展的一种力量。良好的集体舆论是一种无形的教育力量，会对班级每一个成员产生强有力的影响，使他们把自己言行的一举一动都联系起来，从而意识到自己的行为不仅是个人的事，还直接关系到全班的荣誉。

正确的舆论是一种巨大的教育力量，对班级每个成员都有约束、感染、熏陶、激励的作用。在奖善惩恶的过程中，舆论具有学校规范手册以及班训、班规等制度不可代替的特殊作用。因此，班集体要注意培养正确的集体舆论，在班级形成正确的舆论中心，形成"好人好事有人夸,不良现象有人抓"的风气。

班主任在班级管理中，首先要倡导在班集体形成正确的舆论导向，让学生知道什么是对的、什么是错的、什么该做、什么不该做，让学生明辨是非。

5. 多样的集体活动

集体活动是班集体生存和发展的命脉。好的班集体是通过开展多样的集体活动逐步建立起来的，并通过这些集体活动得以巩固和发展。因此，好的班集体要经常开展丰富多彩的集体活动，集体活动的设计、组织与实施是建设好的班集体最重要的方式。班集体的形成需要通过开展一系列集体活动。而集体活动的有效开展，可以使集体成员相互了解，加强学生与学生之间、学生与教师之间的情感交流。集体目标的实现、良好师生关系的发展都是在一系列的集体活动中实现的，因而班级顺利开展形式多样的集体活动也在一定程度上标志着集体的形成、发展、巩固。学生喜欢参加各种生动活泼、富有情趣的集体活动。学生的集体观念、集体责任感、集体的荣誉感、为集体服务的能力，都是在集体活动中得到发展的，班主任可以通过集体活动增强集体凝聚力，调动每个成员的积极性。

6. 共同的心理感受

集体成员对集体具有认同感、归属感，能够明确意识到自己属于某个集体，集体成员之间就会在心理上产生共鸣，具有相互认同和共同归属于一个集体的感受。在一个集体内部，如果各个成员对一些重大的事件或原则性问题都保持着共同的认识和评价，那么这种认同感往往会互相影响，而且这种影响一般是潜移默化的。在一个优秀的班集体中，每个成员对班集体都有着深深的认同感，个人目标和价值判断与集体有着惊人的相似性。同时，当集体取得成功时，每一个集体成员都有共同的感受，从感情上爱护自己的班集体。

二、班集体建设与管理的基本工作

班集体是学生学习和生活的基本单位，它会对学生产生多方面而且是极为深刻的影响。班集体的建设，直接关系到特色学校教育教学质量的提高，教育教学目标的实现以及学生思想、道德等各种素质的培养。班主任应该重视班集体建设，大力开展班集体建设工作。班集体的组织与建设，应根据各个班级学生的实际情况以及班主任自身的能力素质与特长创造性地进行。一般来说，班集体组织与建设可以从以下几方面着手。

（一）明确发展目标

目标作为一个外在的诱因，是一个重要的激励因素，目标之所以对行为积极性有激励作用，是因为目标具有动力作用、指向作用，它把客观要求转变成个人努力的方向，并让人在实现客观目标的过程中有满足各种需要的机会。在班集体的组织与建设中，班级目标的制定是班主任出色完成教育教学以及班集体组织与建设任务的重要保证。

班集体最主要的特征在于确立明确的发展方向，明确发展的共同目标。一个班集体既要有长期的奋斗目标，又要有阶段性的具体发展目标。目标的确立要遵循先易后难、先近后远、循序渐进、逐步提高的原则，既要尽快让学生获得"成功"，又要着眼于学生的长远发展。目标一经提出，班级的一切工作就要围绕其来进行，让学生感到发展目标与自己日常的学习、实践及生活是密切相关的。班主任要经常提醒和督促学生为实现共同目标而努力奋斗。

1．班集体共同发展目标的基本结构

（1）班集体发展的共同目标系列化

班集体发展的共同目标系列化就是把目标按时间和难易程度分为长期、中期和近期目标，并在班集体组织与建设的过程中根据实际情况有计划、有步骤地实施。每完成一个目标都要对前期工作进行总结，一步步地为更高目标的顺利实施打下稳固的基础。长期目标是指全班同学经过较长时间的共同努力而达成的目标，它具有概括性、全局性和根本性。中期目标是相对长期目标和近期目标而言的，是指阶段性或者专项性的奋斗目标，是实现远期目标的条件和保证。它可以是对学生在一学年内的发展提出的要求，也可以是对学生在一个学期内的发展提出的要求。多数情况下，中期目标包含在班级学年或学期工作计划的目标任务中。近期目标可以理解为当前的奋斗目标，它是长期、中期目标的具体化。班集体发展的长期目标的达成是一个循序渐进的过程，因此班集体工作的重点应放在中期，尤其是近期目标的设置与实现上。

（2）班集体发展的共同目标具体化

班集体发展共同目标的具体化，就是要求把当前的教育方针政策、教育目的具体化为培养目标、班级目标，再根据集体中个体的具体情况将培养目标、班级目标内化为个体层层分解的目标。这样既能调动学生的积极性，又能把国家、学校、班级的发展目标与学生个人发展目标协调起来。

2．确定班集体发展共同目标的原则

班集体发展的共同目标是班集体建设的发展规划，它应遵循下列原则。

（1）方向性原则

目标犹如航标，指引航船沿着正确的方向到达彼岸。班集体发展的共同目标是全班师生共同努力的方向，是全班统一认识和行动的纲领。它应该是国家培养人才的培养目标和特色学校教育目标在班集体建设中的具体反映。

（2）激励性原则

班集体发展的共同目标在书面表达上应该鲜明具体、生动感人、催人奋进。班集体发展的共同目标要不断地根据班集体建设的新发展进行调整、充实和完善，不断展现出新的发展前景，以激发班级所有成员的责任心、荣誉感，鼓舞大家为达到预定目标孜孜以求，使班集体始终朝气蓬勃，不断前进。

（3）中心性原则

班集体奋斗目标是全班师生为之努力的方向，也是班级工作的出发点和归宿。因此，班级的一切工作都要以它为中心，使大家感到目标不是虚设，而是与班级日常的学习、工作、活动密切联系的。同时，还要经常用它来检查、督促班级的各项工作，使之真正成为推动班集体建设不断前进的巨大动力。

（4）渐进性原则

近期目标是依据中、长期目标而设定的，中、长期目标又是通过不断达成近期目标而逐渐实现的。实现奋斗目标不能操之过急，要注意它的渐进性，即一个近期目标实现之后，经过认真总结，及时根据中、长期目标提出新的近期目标，使之成为一个前后衔接、循序渐进、不断提高、不断深化的过程。

（5）可行性原则

确立班集体发展的共同目标必须综合考虑学生的生理、心理发展特点，思想觉悟，生活经验及班集体发展水平等实际状况。共同目标只有符合学生发展的需要、与学生的兴趣和愿望一致，才会有广泛的群众基础，才会有实现的可能性。否则，班集体发展的共同目标就难以被全班学生，至少是大多数学生理解与认同，因而也就难以调动学生实现目标的主动性和积极性。

3．确立班集体发展共同目标的方法

确立集体发展共同目标的方法多种多样，在这里主要介绍以下两种。

（1）师生共商法

发展状况良好的班级一般宜采用这种方法。第一，它可以集思广益，使目标的确立更契合班集体建设和学生发展的实际，增强可行性；第二，它可以满足学生的情感需要，增强激励性；第三，可以使学生和班主任沟通情感，促进师生之间的合作，增强班集体的凝聚力；第四，共商的过程也是学生自我教育的过程，可以培养学生自我调整、自我教育的能力。

（2）班主任定夺法

这种方法是班主任做出决断，并将班主任设定的目标作为班集体为之奋斗的目标。这种方法有很大的局限性，突出表现在不利于调动班级成员的主动性和积极性上。这种方法只能在班级初建时才能使用。即便如此，班主任在做出决断前也必须深入学生中开展细致的调查研究，尽可能充分地了解学生的愿望和要求，在目标提出以后还要进行反复讲解、动员，使目标转化为学生自觉努力的方向。

4. 确定班集体发展的共同目标应注意的问题

由于目标具有很强的导向和激励作用，因此确立班集体发展的目标要遵循以下基本要求。

第一，体现时代精神。班集体发展的共同目标既要符合特色学校教育方针和教育目的、培养目标及要求，体现社会发展的时代特征以及新课程理念，又要符合班集体两个基础文明建设的需要以及新时期社会主义现代化建设人才素质的新要求。

第二，有明确的指向性。班集体发展的共同目标是全班同学通过共同奋斗要达到的最终目的，具有很强的导向性，班集体发展的共同目标必须明确具体。特别是小学班级的发展目标，应考虑到小学生认知水平低、社会经验少的特点，目标的表述要通俗易懂，让小学生明确该做什么和怎么做，把班集体的建设目标和个人的发展目标统一协调起来。

第三，注意目标的层次性。一般来说，长期目标要"高而可攀，望而可即"，有号召力；中期目标既要反映阶段性或者专题性的要求，又要发挥承上启下、远近衔接的作用；近期目标既要明确具体，又要与长、中期目标保持一致。

第四，有可行性。目标价值能否体现，关键还取决于能否既考虑学生的年龄特点和认知水平，又把握好目标水平与现实水平的差距。合理适当的差距才能激发学生奋发向上的斗志，挖掘学生发展的潜能。

（二）选拔和培养班干部

一支强有力的班干部队伍是开展班集体建设工作的基础。对班主任来说，在班集体建设过程中最重要的工作就是培养一支素质高、能力强、作风过硬的班干部队伍。班主任应特别重视对班干部的选拔、培养和发挥其作用，并认真做好这项工作。现代教育理论告诉我们，要组织和建设一个良好的班集体，班主任首先要选择一些品学兼优、责任心强、身心健康、乐意为同学服务的学生担任班干部，并根据他们的个性、能力的差异来安排相应的工作，悉心进行培养和教育，使之成为同学的榜样，带动其他同学不断进取。

1. 选拔班干部应注意的问题

第一，了解学生是前提。班主任在选拔班干部时要真正选出那些受同学支持、有组织能力、愿意为班级服务的学生。班主任必须通过各种活动认真观察，尽可能多地了解每个学生的特点，针对每个学生的能力特长及工作意愿安排合适的岗位，使其更好地为班级服务。

第二，民主是关键。班主任在选拔班干部的过程中应尊重学生参与班级事务、管理班级的意愿，让每一个学生都有机会参与班干部的选拔。在选拔过程中应尊重大部分学生的意愿，真正选出既受同学欢迎和支持又具有较强工作能力的学生，组成班级管理队伍。

2. 班干部的选拔方法

选拔班干部的方法很多，各有优缺点。因此，在实际工作中，班主任应该根据具体情况选择合适的方法。

（1）指定法

此方法适用于新组建的班级，由于新生之间相互不了解，班级里又需要专人负责班级的日常事务，班主任必须临时指定一名或几名学生担任班干部，以便使班级工作正常开展。采用这种方法选拔班干部，班主任首先要通过学生档案等资料全面了解班级成员的基本情况，并在开学之初进一步考察，然后根据掌握的情况安排符合条件的学生参与或主持相关活动。班主任对指定的班干部一定要进行充分全面的调查，唯才是举。通过指定法产生的班干部能在一定程度上体现班主任的意图，但是指定法产生的班干部的威望是外加的，所以通过这种办法产生的班干部，其威信有待在工作过程中进一步提升。

（2）民主选举法

民主选举班干部既有利于充实和完善班干部队伍，又有利于培养学生的民主思想、民主意识，调动所有成员参加班级活动的积极性。以这种方式产生的班干部一般都是大多数同学支持的人物，往往具有较高的威信。该方法适用于班级成员相互了解之后。

透明、公平、公正的选举过程才能保障民主选举的有效性，通过民主选举产生的班干部有较深厚的群众基础，更能得到大家的信赖和支持，能更好地融入集体，有利于班级工作的开展。

（3）自荐竞选法

自荐竞选法是指学生在明确干部职责和自我分析的基础上，考虑自己的个性、特长，主动报名，参加演说，回答班级同学提出的问题，然后通过民主投票的方式选出班干部。使用该方法必须做好学生自我定位的指导工作，任免规则要做到科学合理。自荐竞选班干部有利于发扬民主，培养学生敢于挑战、勇于竞争、乐于奉献的精神，同时也有助于学生认识自我、发展自我，不仅能为学生的个性发展和能力提升创造机会，也有利于形成班集体合作竞争的良好氛围。但是，如果学生的自我定位有误或者没有做好思想准备，选出真正能胜任相应岗位的班干部就可能成为难题，后续的补救工作更需要教师的智慧。

3. 积极培养班干部

班干部工作能力的提高一方面需要个人在工作过程中加强实践锻炼，另一方面要靠班主任的精心培育。班干部产生之后，班主任接下来要做的工作便是培养、指导和提高班干部独立工作的能力。班干部的培养可从以下几个方面进行。

（1）加强教育，强化责任

班干部是其他学生思想教育、文化学习和课余生活等各项活动的榜样，在班级管理中起着组织者、管理者、监督者的作用。一个班级要健康发展，形成良好的班风学风，班干部起着至关重要的作用。为此，班主任要定期或不定期地召开班干部会议，教育他们时时刻刻严于律己、以身作则、强化服务意识和提高服务能力，在学生中起榜样和带头作用。

（2）明确分工，密切合作

班主任、班干部及学生三者之间的关系如同树干、树枝和树叶，一棵粗壮的树干如果没有树枝的支撑是无论如何也撑不出一片绿荫的。班主任要充分发挥班干部管理班级的积极性和主动性，要做到分工明确，使他们各司其职。一方面，当班干部产生之后，班主任要召开班干部会议，明确他们各自的具体岗位职责，帮助班干部制订好工作计划和奋斗目标；另一方面，要求班干部分工不分家，团结协作，交流沟通，共同管理班级事务。

（3）热心扶持，耐心指导

新任的班干部在工作实践中往往由于工作方法单一或不当而影响工作的顺利进行。所以，班主任要及时给班干部传授一些工作技巧和方法，使他们能够灵活有效地开展工作，提高办事能力。班主任要教导班干部多采用与同学协商的方式来解决问题，班干部在工作中必须公正客观地处理事情，如果在工作中不讲求原则、徇私舞弊，就必定会失去大多数同学的信任与支持，使工作无法顺利开展。班干部积累了一些工作实践经验后，班主任就可以要求班干部在各项具体工作实施之前进行提前设想、提前安排，班主任自己仅充当参谋提供必要的支持与帮助。班主任对班级事务既不能包办代替，也不能撒手不管。当班干部在管理工作中取得进步时，班主任要及时采取一些激励手段，给予适当的表扬，增强他们的信心；当班干部的工作出现偏差时，班主任不能一味地指责，而要耐心指导，帮助他们分析原因并帮助他们解决问题。

（4）放手锻炼，培养自治

"要能游泳必须下水"。班主任要用切实有效的方法引导班干部"下水"实践，帮助他们掌握"游泳"的本领。只有发挥班干部的主体作用，放手让他们大胆地开展工作，才能培养出一支精干的班干部队伍。当班干部有了一定的威信和较强的工作责任心与能力后，班主任就可以放手让班干部自主商讨和处理班级事务，培养他们自治、自立的能力。但要注意遵循由易到难的原则，先布置一些简单的工作，让班干部独立完成。经过实践锻炼，班干部不仅能提高组织管理能力和办事能力，也能提升自己在同学中的威信。

（5）严格要求，促进成长

班主任对班干部要高标准、严要求，要求其他学生做的，班干部要率先做到、做好。同时，实行民主监督，使班干部的工作既有管理又有监督。个别班干部在工作取得一定成绩后，可能会滋生骄傲自满的情绪，不求进步。因此，班主任要及时掌握班干部的思想动态，适时组织班干部参加教育学习活动，对他们提出更高、更严的要求，不断提高其工作能力和效率。对班干部在工作中存在的不足或失误，也应明确指出、决不偏私，让他们规范而有效地完成工作计划、工作小结、活动记录等，使班干部的工作真正落到实处。

班干部的培养和管理是一个动态、复杂的过程，从这个意义上讲，以上做法还远远不够，要在以后的工作实践中不断进行修正和完善。时代在进步，社会在发展，班主任只有抓住重点、讲究管理艺术，才能培养好班干部队伍，从而带领班集体朝着健康向上的方向蓬勃发展。

（三）营造正确的班级舆论

良好的班级舆论能引导班级成员形成正确的世界观、人生观和价值观，每一个成员的荣誉感与责任感的释放又会影响班级正确舆论的形成。正确的集体舆论是班集体自我教育的重要手段，也是班集体形成的重要标志。实践证明，正确的集体舆论能够发扬个体和集体发展的积极因素，削弱消极的影响，从而激发学生的集体荣誉感和责任感。正确的集体舆论是无形的教育因素，每个班主任在班级的组织与建设中都应该重视集体舆论在班集体建设中的重要意义。

1. 班集体舆论的特点

（1）内容的广泛性

随着学生年龄的增长，他们对社会的关心程度逐渐提高，自身认识能力逐步提高，班级舆论的内容极其广泛，既有对国家前途的展望，也有对班级发展和学生个人发展的思考。班级舆论反映的是学生感情世界和理性世界的全方位信息，因此集体舆论对班集体建设和学生个人发展的影响是全方位的。

（2）角度的多样化

学生不但会以自己的眼光去认识事物、分析事物，在许多情况下他们也会从其他社会角色的角度去认识事物、分析事物，从而使班级舆论具有一定的社会意义。学生对事物的认识、分析可能由于心理发展、认识等的不成熟，出现偏颇、局限甚至是错误，这就需要班主任迅速而准确地做出判断，并表明自己的观点和态度。

（3）期望的理想化

基于青少年的共同特点，学生对社会发展合理性的期望值总是很高，而又往往忽视了社会发展背景条件的差异，不能容忍社会发展过程中出现的负面现象，容易出现较为偏激、片面的情绪。因此，班主任在班集体建设过程中尤其要关注班级舆论动向，适时、合理引导，以形成正确的班级舆论。

2. 正确集体舆论的培养

（1）善于运用奖励和惩罚的措施

奖励和惩罚都是一种强化方式，是班主任在班级管理中经常使用的手段。适当的奖励和惩罚，可以对人的行为起到一种反馈作用。奖励能起到一种"正强化"的作用，它对人的某种行为给予肯定，给人一种向上的精神满足，提升自信心，使学生在心理上产生一种积极向上的情绪。奖励的形式有奖赏、表扬和赞许等。而对某种行为给予否定或惩罚，就会使社会反对的行为减弱并慢慢消失，这叫"负强化"。它能使学生认识到自己的错误和缺点，并吸取教训去改正自己的不良行为习惯，以便更快地取得进步。

班主任在运用奖励和惩罚的措施时一定要在"善于"两字上下功夫。第一，奖励要从实际出发。班主任对学生进行表扬时要做到发自内心地对学生的发展、进步感到高兴，在表扬时不失时机地对学生提出发展上的更高要求，适时为学生创造受表扬的机会，尽可能地面向集体表扬学生；惩罚则要从教育的愿望出发，不能对学生采取一概否定的态度，还要考虑是初犯还是屡教不改，要针对不同的情况采取不同的惩罚措施，惩罚方式要合适。第二，奖惩要适度。奖励要留有余地，不能过激。奖励和惩罚作为教育手段都不宜滥用，而惩罚更要慎用，如果用得过多或滥用，会损害学生的自尊心和进取心，从而失去教育的意义。第三，进行奖惩时要注意全班学生的情绪，尽可能获得集体的理解和支持。班主任对学生的评价只有与大多数学生对该生的评价基本吻合并获得集体舆论的支持，才会起到既教育个人又教育集体的作用。

（2）要充分发挥舆论阵地的作用

对一个班集体而言，舆论阵地主要有班报、黑板报、班队会、班级日记以及广播和电视等。班主任应充分发挥这些舆论阵地的作用，使之成为弘扬正义的主渠道，抵制歪风邪气并不断提高学生辨别是非能力的主阵地。班级舆论阵地的建设内容、方式应丰富多彩，既要有对好人好事的赞扬，又要有对不良倾向的批评，通过班级舆论阵地的宣传教育不断提高学生辨别是非的能力。

（3）加强对学生的正面引导、教育

对学生的教育必须坚持以正面引导和说服教育为主，要符合青少年的身心发展规律。中小学生模仿能力强，容易接受正确的东西，也容易受错误思想和行为的影响，具有"先入为主"的心理特点。因此，加强正面引导、积极教育显得十分重要。正面教育工作应抓在前，否则容易形成消极的思维定式，这时再想纠正就十分困难了。班主任应抓紧时间把学校的教育要求、学生行为规范等通过说理、榜样示范等方式切实转变为全班学生的共识，为正确舆论的形成打下坚实的基础。同时要积极创造条件，让多数学生的意见和观点能够相互作用、逐渐汇集，创造机会、搭建平台（如讨论会），让学生的正确言论得以充分表达，发挥其积极的影响作用，并成为一种巨大的、占优势的力量，真正形成正确的集体舆论。

（四）建立健全班级管理规章制度

班级管理规章制度是班集体为实现班级发展的共同目标而制定的规则，以保障班集体共同目标的顺利实现。它是班集体按照一定程序办事的规程，也是集体中每个成员必须遵守的行为准则。班级管理规章制度实质上是社会规范在特色学校生活中的具体表现形式，是判断一个班级成为真正意义上的班集体的重要标准之一。

1. 班级管理规章制度的内容

班级管理规章制度的内容包括学生学习、生活、开展各项活动的基本规范，大致有四个方面：学生在校学习、生活的常规制度；为建立班级良好的教学秩序而制定的课堂纪律及评比制度；按照国家和学校的相关规定，帮助学生妥善安排一天的学习、生活、睡眠的制度；清洁卫生制度，包括室内、室外环境的清扫和保洁。上述四种制度都不可缺少。具体名目有作息制度、卫生制度、住校生活制度、课外活动制度、团队生活制度、班级干部责任制、班主任职责、体育锻炼制度、优势班级标准、奖惩制度、课堂公约、寝室公约等。这些制度有助于学生有规律地进行学习和生活，提高学习和生活的效率，使学生实现德、智、体、美、劳全面发展。

2. 制定班级管理规章制度的要求

班级管理规章制度的制定是班级管理中必不可少的一个环节，班主任在引导学生制定班级管理规章制度时，要体现出新课程改革的精神，与学生进行平等的交流互动。

（1）班级管理规章制度的参与性

有效的班级管理规章制度大多诞生于与学生的交流、讨论中，让学生参与班级管理规章制度的制定是规章制度得以有效实施的重要保证。容易遭到学生抵触的班级规章制度大多产生于班主任的办公室，整个制定过程几乎没有学生的参与。学生是具有主观能动性的人，外在的规章制度必须得到学生内在思想的认同、理解与接受，才会对学生的行为产生约束控制作用。因此，要制定出一份针对性强、指导意义大、具有较强可行性的班级管理规章制度，班主任要为学生充分参与班级管理规章制度的制定搭建必要的平台。只有经过全班学生共同讨论、反复斟酌、认真研究制定出来的班级管理规章制度，才可能被班级全体成员共同认可并自觉遵守。

（2）班级管理规章制度的全面性

班级管理规章制度是一个班级的行为规范，教师作为班级必不可少的成员，自然也要遵守班级管理规章制度，这也是师生人格平等的重要体现。所以，教师在指导学生制定班级管理规章制度时，也应考虑把自己的行为和观念规范体现到班级管理规章制度中，以体现师生在人格上的平等，体现班级管理规章制度面前人人平等的一致性与严肃性，为班主任实施班级管理奠定基础。

（3）班级管理规章制度的正面引导性

传统的班级规章制度经常采用禁令式、模糊不确定、"恐吓式"的语言，这种班级管理规章制度只能起到告诫的作用，使学生产生一种心理压抑感，容易使学生产生反感和抵触情绪。同时，由于其具有不确定性，容易造成操作的模糊性。因此，在特色学校班级管理规章制度的语言表达上，要更多地采用正面引导性的语言，正面表述的班级管理规章制度才能更好地引导学生养成良好的行为习惯和形成良好的道德品质。同时，正面表述既是对学生的尊重，也是班级规章制度亲和力的魅力体现。更重要的是，它能有效消除禁令式班级规章制度的消极影响。

（4）班级管理规章制度的预见性

班级管理规章制度一经制定，就应该具备相对的稳定性并坚决贯彻执行，使其成为师生行动的指南，否则会导致班级管理规章制度的权威性丧失。因此，制定班级管理规章制度一定要严肃、慎重，要体现国家教育的方针政策和特色学校工作的整体要求、符合学生身心发展的特点和班级的实际情况。除此之外，制定班级管理规章制度时，要对可能出现的行为事件进行充分的预测，使学生在行为前能预见，行为中能参考，行为后能对照反思、评价。这样有利于学生加强自律自查，在同学间的相互提醒监督中规范行为，从而保证整个班集体的协调发展。

（五）组织形式多样的集体活动

组织和开展形式多样的集体活动是班主任工作中的重要一环，也是班集体组织与建设的重要内容,不同的集体活动可以为学生提供不同的发展和锻炼的机会。班集体活动是为促进学生的全面发展服务的,当前我们要培养的人应该是能够适应当今社会生活的人,而不是只能适应校园生活的学生。因此,为了实现这一目标,班主任在班级组织与建设工作中应该经常组织和开展形式多样的集体活动,集体活动的设计、组织与实施要充分考虑社会生活的多样性,只有这样的班集体活动才有利于学生的全面发展。

有效的班集体活动是组织与建设班集体的重要渠道,也是衡量班级发展水平的重要标尺。组织和开展集体活动,不仅能够丰富学生的学习生活,还能够寓教育于集体活动,使学生的素质与能力通过生动、活泼、丰富多彩的集体活动得以提高。鉴于班级是一个特殊的组织,班主任在班集体活动的设计、组织与实施中应遵循以下基本原则。

1. 教育性原则

班集体活动是一种有目的的行为,以促进学生的全面发展为根本目标,富有教育性是班级活动的内在追求。因此,班集体活动的开展要寓教育于学习活动,最大限度地发挥班集体活动的教育作用,而不能仅仅是为了活动而活动。同时,班集体活动中包含大量的教育内容,它的教育意义不局限于对学生进行单一的思想教育,还在于促进学生的健康成长。班主任在组织班集体活动时既要考虑内容的教育性,还要考虑活动形式的教育性,以促进全体学生的全面发展。

2. 时代性原则

开展班集体活动要实现促进全体学生全面发展的目标,活动的组织就必须与时代要求紧密结合,让学生通过参与集体活动触摸时代的脉搏,使学生的发展符合社会发展需求。因此,班主任组织集体活动时要体现时代感。首先,要善于从时事中选择有教育意义的题材作为班集体活动的主题,引导学生在班级活动中及时了解当前社会的发展和变化情况,让学生主动把个人的发展与国家的发展联系起来。其次,社会生产和科学技术的迅猛发展无不影响学生的生活,把社会生产和科学技术的发展作为班集体活动的题材,有利于激发学生学习的热情和决心。最后,从学生身边发生的事情中发掘班集体活动的题材,有利于培养学生的社会责任感,促进学生的社会化发展。

3. 针对性原则

班集体活动要保持高度的吸引力并取得良好的效果，就必须具有针对性。针对性越强，班集体活动的效果就越好。正因为如此，班集体活动要针对班情、学情，针对学生的年龄特点和认知能力，针对社会上对学生有影响的现象来组织开展。在选择班集体活动的内容和形式时，要充分考虑学生的年龄特点、接受能力以及发展需求，班集体活动还要充分体现班级的特殊性，根据班级的实际情况有针对性地选择、开展班集体活动。围绕对学生有影响的现象来开展班集体活动，一方面有利于促进班级发展和每一位学生的成长，另一方面还可以引导学生认清现象的实质，分清是非。总之，班集体活动针对性越强，收效就越显著。

4. 生成性原则

班集体活动的生成性是由集体活动的过程取向决定的，班主任在班集体活动开展之前都会对活动进行整体规划以及周密设计，这体现了班集体活动的计划性特点。但是，班集体活动的本质特性是生成性，班集体活动的开展并非完全根据预定的目标进行。随着活动的不断深入开展，学生的认识和体验也不断加深，新的目标不断产生，这是班集体活动生成性的集中体现。对班集体活动进行整体规划和周密设计是为了使活动的生成性更具方向感。

5. 易操作性原则

班集体活动中的"活动"二字就是让学生动起来，包括动脑动手，让学生在"做中学"。要使学生在班集体活动中动起来，就必须使活动易于操作。活动前要进行充分准备，应预测可能发生的情况，并采取相应的预防办法和应急措施。要注意活动的规模和频率，班集体活动的场面不宜过大，且时间也不要过长，要以解决小问题和实际问题为主。活动次数也不宜过多，如果活动过多，学生必定要花费大量的时间和精力在活动上，很可能导致一些学生无法静心学习；而活动过少，学生会感到学习生活枯燥、乏味，也势必会影响学生学习的兴趣。

参考文献

[1] 柴歌阳.学校特色课程开发的个案研究 [D].重庆：西南大学，2020.

[2] 常梦.小学学校特色发展现状与对策研究 [D].临汾：山西师范大学，2021.

[3] 陈帆.小学特色课程建设现状及对策研究 [D].武汉：华中师范大学，2019.

[4] 韩智芝.特色学校建设中的校长领导力研究 [D].太原：山西大学，2020.

[5] 黄亚妮.论校长领导力提升与学校特色建设 [J].产业与科技论坛，2018，17（05）：279-
280.

[6] 李结明.以办学理念铸造学校德育特色的方法与路径 [D].广州：广州大学，2019.

[7] 李奇.基于组织生态理论的校园足球特色学校管理研究 [D].荆州：长江大学，2021.

[8] 李舜荣.现代学校特色管理 [M].昆明：云南人民出版社，2019.

[9] 梁晶晶.小学特色学校建设的个案研究 [D].海口：海南师范大学，2020.

[10] 刘渤鹰.校长的管理智慧 [M].大连：辽宁师范大学出版社，2017.

[11] 秦聪聪.学生发展视角下学校特色文化建设的调查研究 [D].乌鲁木齐：新疆师范大学，
2020.

[12] 沈金港."一校一品"篮球特色校构建研究 [D].秦皇岛：河北科技师范学院，2021.

[13] 沈世弘.教学常规管理与学校特色发展 [M].长春：吉林出版集团股份有限公司，2018.

[14] 斯徐峰.构建基于特色办学理念的学校管理机制 [J].中小学校长，2020（03）：31-32.

[15] 陶晓迪.让每一个孩子精彩起来—学校管理的智慧与校长领导力 [M].上海：上海交通大
学出版社，2019.

[16] 王丹丹.小学学校特色文化建设的路径研究 [D].石家庄：河北师范大学，2021.

[17] 魏冬.学校特色发展研究 [D].临汾：山西师范大学，2020.

[18] 魏欣 . 教师工作实践与班级管理的研究 [M]. 长春：吉林文史出版社，2019.

[19] 杨元荭 . 校本课程开发促进学校特色发展的个案研究 [D]. 重庆：西南大学，2019.

[20] 殷峰 . 学校特色文化与课程整体建构的思考和实践 [J]. 华人时刊（校长），2021（11）：30–31.

[21] 詹前秒 . 学校特色管理方略 [M]. 南昌：百花洲文艺出版社，2018.

[22] 张士平 . 学生管理 [M]. 北京：北京师范大学出版社，2018.

[23] 赵世忠 . 学校多元化特色发展的行动策略思考 [J]. 试题与研究，2021（33）：131–132.

[24] 郑洪涛 . 核心素养背景下滁州市足球特色学校足球教学研究 [D]. 淮北：淮北师范大学，2021.

[25] 钟艳林 . 开发特色校本课程，促进学校特色发展 [J]. 新课程，2021（30）：17.